Inhaltsverzeichnis

FINDE RAUS, WAS DU DRAUF HAST

Über dieses Buch

Finde heraus, was in dir steckt 3
Was bringt dir dieses Buch? 4
Wie benutzt du dieses Buch? 7

DAS SOLLTEST DU WISSEN

1. Wie du wurdest, was du bist

Die Gene 9
Die Umwelt 10

2. Das macht dich aus

Persönlichkeitseigenschaften 11
Begabungen 15
Motivationen 21

DIR SELBST AUF DER SPUR

1. Geschichten aus deinem Leben

Dein Leben als heiße Spur 26
Geschichten schreiben 27
Drei Beispiele 30
Persönlichkeitseigenschaften, Begabungen und Motivationen erkennen 33

FINDE RAUS, WAS DU DRAUF HAST

Über dieses Buch

2. Fragen zur Selbst- und Fremdeinschätzung

Selbst- und Fremdeinschätzung 38
Fragen zu deinen Persönlichkeitseigenschaften 40
Fragen zu deinen Begabungen 44
Fragen zu deinen Motivationen 47
Deine Ergebnisse: Grafik zum Selbsterstellen 50

DAS KANNST DU TUN

1. Grundfertigkeiten

Für Erfolg im Job und Spaß mit den Mitmenschen 54

2. Kompetenzen

Allgemeine und spezifische Kompetenzen 58
Lernen ein Leben lang 59
Ausbildung oder Studium? 60

3. Laufbahnen

Deine Laufbahn 62
Verschiedene Positionen 63

4. Dein Traumjob

Welcher Beruf passt zu dir? 66
Deinen Traumjob finden 68
Praktikum und Ferienjob 74

Zum Schluss

Rund um den Wunschberuf 76
Nur Mut! 77
Register 78
Glossar 80

Finde heraus, was in dir steckt

Jeder Mensch hat besondere Fähigkeiten und Eigenschaften: geduldig zuhören, genau analysieren, geschickt werkeln, auf andere zugehen, offen für Neues sein oder perfekte sportliche Leistungen erbringen.

Aber woher weißt du eigentlich, was genau in dir steckt? Deine Schulnoten und Lieblingsfächer sind ein erster Hinweis; sie erzählen dir aber nur einen Teil dessen, was du wirklich kannst. Deine Hobbys weisen zusätzlich darauf hin, welche Möglichkeiten in dir schlummern. Doch es reicht auch nicht, deine Freizeitbeschäftigungen aufzuzählen.

Wenn du dieses Buch liest, die Übungen bearbeitest und die Tipps ausprobierst, kannst du ziemlich genau herausfinden, was in dir steckt: Das ist dein Potenzial, deine ganz einzigartigen Anlagen. Du erarbeitest dir deine persönlichen Eigenschaften und Begabungen und findest heraus, was dich motiviert.

Das alles dient dazu, dass du einen Beruf findest, der zu dir passt wie deine Lieblingsjeans oder ein richtig schickes Oberteil. Mit einem Beruf, der zu dir passt, kannst du Erfolg haben und etwas Sinnvolles bewirken. Du wirst Spaß haben und zufrieden sein.

Ist das nicht der beste Grund, herauszufinden, was in dir steckt?

Über dieses Buch

Was bringt dir dieses Buch?

Mithilfe dieses Buches kannst du etwas erfahren, was für dein ganzes Leben entscheidend ist: Du kannst herausfinden, welcher Beruf für dich geeignet ist.

Erkenne dich selbst

Dieses Buch besteht allerdings nicht aus einer Liste von Berufen, aus denen du auswählen kannst, was dich interessiert. Stattdessen will es dir dabei helfen, dich selber besser kennenzulernen. Du kannst dir mithilfe dieses Buches erarbeiten, welche Persönlichkeitseigenschaften, Begabungen und Motivationen du besitzt. Finde zum Beispiel heraus, ob du ein offener, beständiger oder eher sensibler Typ bist; jemand, der praktisch begabt oder kreativ ist; einer, der von Geld, Leistung oder Sinn motiviert wird.

Wenn du das Buch durcharbeitest, wirst du in der Lage sein, einen Steckbrief deiner Persönlichkeit zu erstellen. Und mit seiner Hilfe kannst du für dich persönlich passende Berufe herausfinden. Denn **du** wirst deinen zukünftigen Beruf so gut, genial und gründlich erledigen können wie niemand sonst.

Wie siehst du dich? Mal dich doch mal selbst :-)

Du bist dran

Dein eigener Kopf, deine Ideen und Vorstellungen sind neben diesem Buch nötig, um deinen Wunschberuf zu finden. Du brauchst dazu ein paar Zettel und Stifte oder einen Computer, um dir Ideen und Ergebnisse zu notieren. Hilfreich sind außerdem ein guter Freund, Geschwister oder Eltern, mit denen du über dich und deine Ideen sprechen kannst.

Dieses Buch ist ein wenig wie ein Kochbuch: Die Zutaten und die Zubereitungsart stehen darin, aber wenn du eine leckere Mahlzeit genießen willst, musst du selbst einkaufen, schneiden, rühren und kochen.

Wie ein guter Freund

Sich selber besser kennenzulernen ist ein Prozess – ähnlich wie das Entstehen einer Freundschaft. Zuerst bemerkst du vielleicht, dass du gut mit anderen Menschen zurecht kommst. Dann findest du heraus, dass dir Abwechslung in deinen Aufgaben gefällt und du andere gern anführst. Später erkennst du, dass du besonders geschickt mit deinen Händen bist. Dann kommen noch viele weitere Eigenschaften dazu, die du nach und nach benennen kannst. Ein fertiges Bild von dir ergibt sich möglicherweise erst nach einiger Zeit und viel Nachdenken. Welche Berufe zu dir passen könnten, das kannst du am Ende dieses Prozesses ebenfalls herausarbeiten.

Wenn du eine Freundschaft knüpfst, lernst du auch erst nach und nach alle Vorlieben und Abneigungen deines neuen Freundes kennen. Ihr verbringt Zeit miteinander und merkt dabei, ob ihr auf einer Wellenlänge schwimmt. Nach Wochen oder Monaten des Kennenlernens entwickelt sich eine enge Freundschaft oder doch nur eine lose Bekanntschaft.

Über dieses Buch

Alles nur für dich

Das klingt nach viel Arbeit, findest du? Das stimmt auch. Aber überlege einmal, warum du dich besser kennenlernen solltest: Es geht nicht darum, dass du anderen gefällst. Du tust es nicht für deine Eltern. Du machst es auch nicht, um bessere Schulnoten zu bekommen oder von deinen Freunden gemocht zu werden. Du tust es ganz allein für dich! Du beschäftigst dich mit diesem Buch, um einen guten Beruf für dich wählen zu können.

Ein guter Job

Eine gute Arbeit macht Spaß. Sie gibt dir das Gefühl, etwas in dieser Welt bewegen zu können. Sie geht leicht von der Hand und lässt dich die Zeit auch mal vergessen. Sie hat langweilige und schwierige Teile, die dich aber nicht abschrecken. Sie enthält viele interessante Aufgaben und solche, die du gut erledigen kannst. Sie fordert dich heraus und trägt so dazu bei, dass du immer wieder Neues lernst. Sie befriedigt die Bedürfnisse, die dir persönlich besonders wichtig sind. Dein Job ist nicht nur dazu da, dass du damit Geld zum Leben verdienst, sondern er macht dich auch zufrieden.

Was für dich eine gute Arbeit ist, kannst du mit Hilfe dieses Buches herausfinden. Dein Job ist für dich gut, wenn er genau zu dir passt – und umgekehrt; wenn du dabei die Eigenschaften und Begabungen anwenden kannst, die du besonders gut beherrschst; wenn die Dinge, die dich motivieren, erfüllt werden. Dann hast du auch bessere Chancen, erfolgreich zu sein. So einen Beruf wählen kannst du nur, wenn du sehr genau über dich Bescheid weißt.

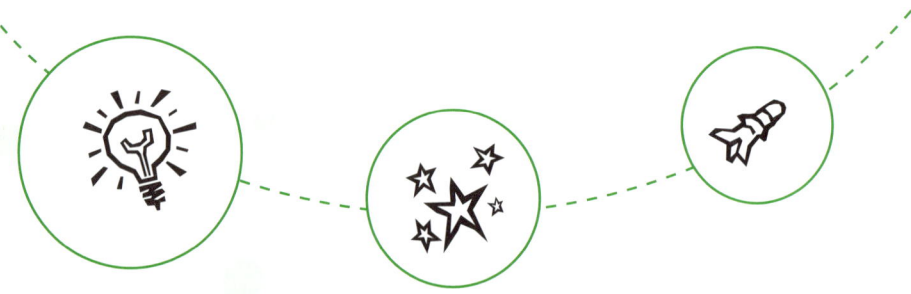

Wie benutzt du dieses Buch?

Dieses Buch ist ein Arbeitsbuch. Wenn du es durchliest, lege immer Zettel und Stifte bereit. Streiche an, was dir interessant erscheint. Mache dir Notizen am Rand, wann immer dir etwas besonders auffällt. Schreibe neue Ideen beim Lesen auf ein Blatt Papier. Oder lege gleich ein Dokument auf dem Computer an.

Für die Übungen solltest du dir Zeit nehmen. Denke über die Fragen und Aufgaben in Ruhe nach, bevor du sie bearbeitest. Probiere Tipps nicht nur einmal, sondern mehrmals aus.

Stift v. Zettel hinlegen ✓
Notizen machen ✓
Ideen aufschreiben ✓

Dein Lebensordner

Es ist praktisch, alle Infos, Erkenntnisse und Notizen, die du dir mit diesem Buch erarbeitest, an einem Ort zu sammeln. Lege dafür einen neuen Ordner auf dem Desktop deines Computers an und speichere dort alle Dokumente mit Ideen und Materialien rund um deine Berufsfindung. Schreibst du lieber mit der Hand auf echtes Papier? Auch kein Problem. Kaufe im Schreibwarengeschäft eine Mappe oder ein Notizheft. Schreibe dort hinein bzw. hefte beschriebene Zettel, Informationsmaterial und Bilder darin ab.

Dein Lebensordner ist der Ort, an dem du alles über dich nachlesen und nachschlagen kannst. Das ist nützlich, falls du dich in einigen Monaten weiter mit deinem Potenzial beschäftigen willst.

Über dieses Buch

Das steht drin

Das Buch beginnt mit etwas Hintergrundwissen. In **Teil A** Das solltest du wissen erfährst du, wie deine Gene und die Umwelt dich geprägt haben (s. Kap. A1, S. ➜ 9–10) und welche Eigenschaften, Begabungen und Motivationen jeden Menschen persönlich ausmachen (s. Kap. A2, S. ➜ 11–25).

In Teil B Dir selbst auf der Spur findest du heraus, welche Eigenschaften, Begabungen und Motivationen dich und deine Persönlichkeit prägen. Kapitel B1 (s. S. ➜ 26–36) zeigt dir, wie du deine Persönlichkeit mithilfe von eigenen Erlebnissen ergründen kannst. In Kapitel B2 (s. S. ➜ 38-53) findest du zahlreiche Fragen, die du und ein enger Vertrauter beantworten sollten. Je nachdem, wie deine Antworten ausfallen, erfährst du, welche Eigenschaften, Begabungen und Motivationen du tendenziell besitzt. Du kannst, abhängig davon ob dir das Schreiben von Geschichten oder das Beantworten von Fragen besser gefällt, eines der Kapitel auswählen. Willst du dich besonders sorgfältig kennenlernen, solltest du beide Kapitel bearbeiten.

Teil C Das kannst du tun vermittelt dir Wissen darüber, was im Berufsleben wichtig ist. Es werden einige Grundfertigkeiten genannt, die jeder Mensch in jedem Beruf und im Privatleben beherrschen sollte (s. Kap. C1, S. ➜ 54-57). Anschließend lernst du, was du – neben der Persönlichkeit und den Begabungen, die du schon mitbringst – für deinen Beruf noch lernen musst (s. Kap. C2, S. ➜ 58-61). Um verschiedene Laufbahnen, die du einschlagen kannst, geht es in Kap. C3 (s. S. ➜ 62-65). Kapitel C4 (s. S. ➜ 66-77) beschäftigt sich schließlich damit, wie du konkrete, zu dir persönlich passende Berufe findest und besser kennenlernst.

Für das ganze Buch gilt: Wir konnten aus Platzgründen nicht alle Möglichkeiten für Bildung, Beruf und Karriere aufzeigen, die jeweils in Frage kommen. Stattdessen haben wir mit Beispielen gearbeitet. Denn dein Berufsweg wird so einzigartig sein wie du selbst.

DAS SOLLTEST DU WISSEN

1. Wie du wurdest, was du bist

Die Gene

Jeder Mensch hat sie: die Gene. Die Gene werden auch als Erbanlagen bezeichnet, denn sie tragen die Erbinformationen. Das bedeutet, dass deine Gene eine Art Bauanleitung für dich enthalten. Sie bestimmen deine Haar- und Hautfarbe, die Form deiner Augen und die Länge deiner Beine. Auch für deine Körperfunktionen sind die Gene zuständig, etwa für das Schlagen deines Herzens, die korrekte Arbeit der Nieren und den Sauerstofftransport im Blut. Deine Persönlichkeitseigenschaften und deine Begabungen sind, zumindest teilweise, ebenfalls genetisch festgelegt.

Du hast eine Hälfte deiner Gene vom Vater, die andere Hälfte von der Mutter bekommen. Sie mischen sich in jedem Menschen ganz neu zusammen, sodass ein einzigartiges Wesen entsteht. Dieses neue Wesen kann seinen Eltern recht ähnlich sein, sich aber genauso gut stark von ihnen unterscheiden. Wäre das nicht so, dann wären ja alle Geschwister völlig identisch. Unvorstellbar, oder?

Es ist niemals ein einziges Gen für ein einziges Merkmal, zum Beispiel für Eigensinnigkeit oder Sportlichkeit, bestimmend. Es gibt immer viele Gene, die zusammen eine Eigenschaft bestimmen. Je nach ihrem Zusammenwirken ist die Eigenschaft bei dir stärker oder weniger stark ausgeprägt.

1. Wie du wurdest, was du bist

Die Umwelt

Forscher gehen davon aus, dass ein Teil deiner Persönlichkeit genetisch festgelegt ist. Allerdings wird vermutlich ein größerer Teil deiner individuellen Entwicklung von der Umwelt geprägt. Ein Beispiel: Alle gesunden Kinder haben drei Gebiete im Gehirn, die ihnen das Sprechen und Verstehen von Sprache ermöglichen. Wo diese Hirnareale liegen und wie sie funktionieren, ist genetisch bedingt. Wächst ein Kind in Deutschland auf, lernt es Deutsch, wächst es in Russland auf Russisch – und ist es taub, lernt es gar nicht richtig sprechen. Die Gene sorgen dafür, dass die Voraussetzungen für den Spracherwerb da sind. Die Umwelt bestimmt aber, wie sich die Sprachfähigkeit ausprägt.

Kindheit und Jugend

Für ein kleines Kind besteht die Umwelt vor allem aus den Eltern. Wenn diese ihrem Baby jeden Abend Gute-Nacht-Lieder vorsingen, dann ist es wahrscheinlich, dass das Kind selber musikalisch wird. Und schenken sie ihrem Kleinkind schon früh die ersten Bausteine, dann wird es mit den Händen vermutlich geschickter umgehen können als ein Kind, das viel vor dem Fernseher sitzt.

Im Kindergarten und in der Schule wird die Umwelt der Kinder größer und vielfältiger. Sie lernen viele verschiedene Menschen kennen – Erzieher, Lehrer, Freunde – und damit auch unterschiedliche Verhaltensweisen und Beschäftigungen. So wird der eine Junge zum hervorragenden Fußballspieler, weil sein bester Freund kickt. Ein anderes Kind wird dagegen von einem Lehrer angeregt, Schach zu spielen und entwickelt dabei ein gutes logisches Denkvermögen.

Je älter Jugendliche werden, umso mehr lernen sie von der Welt kennen. Man geht davon aus, dass die Persönlichkeitseigenschaften erst mit etwa 30 Jahren endgültig gefestigt sind.

> **Das Wichtigste auf einen Blick**
>
> Deine Eigenschaften und Begabungen sind sowohl durch die Gene als auch durch die Umwelt, d.h. deine Mitmenschen und Erfahrungen, geprägt. Du hast also viel Spielraum, zu lernen und dich zu entwickeln.

DAS SOLLTEST DU WISSEN

2. Das macht dich aus

Persönlichkeitseigenschaften

Du bist du, ein einzigartiges Wesen. Das betrifft nicht nur deinen Körper, dein Aussehen, deinen Gang oder die Länge deiner Blutbahnen. Es betrifft auch, wie du dich verhältst, wie du Dinge erlebst und wie du diese Erlebnisse bewertest. Psychologen, also Wissenschaftler, die sich mit dem Erleben und Verhalten der Menschen beschäftigen, nennen das die Persönlichkeit.

Deine Persönlichkeit

Man kann eine Vielzahl von Adjektiven benutzen, um die Persönlichkeit eines Menschen zu beschreiben: kreativ, angespannt, emotional, selbstsicher, egoistisch, verantwortungslos, still, arbeitsam, einfallslos ... Sicher fallen dir noch mehr ein. Psychologen haben jedoch herausgefunden, dass sich alle diese Wörter auf wenige grundlegende Eigenschaften zurückführen lassen. Für unsere Zwecke ist es sinnvoll und ausreichend, sich auf fünf zu beschränken.

Diese fünf wichtigsten Eigenschaften sind: Offenheit für neue Erfahrungen, Außenorientierung, Gewissenhaftigkeit, Verträglichkeit und emotionale (also gefühlsmäßige) Stabilität. Jeder Eigenschaft stellen die Fachleute eine weitere gegenüber: Zu Offenheit gehört Beständigkeit, zu Außenorientierung gehört Innenorientierung und zu Gewissenhaftigkeit Spontaneität. Der Verträglichkeit kann man Eigensinnigkeit gegenüberstellen und der emotionalen Stabilität die Sensibilität.

Du bist allerdings nicht entweder außen- oder innenorientiert, entweder offen oder beständig. Vielmehr besitzt du eine Eigenschaft mehr, die andere weniger. Die Übergänge sind fließend.

Deine Eigenschaften

Auf den nächsten Seiten kannst du alles über die wichtigsten Persönlichkeitseigenschaften nachlesen. Denke beim Lesen darüber nach, welche Eigenschaften besonders auf dich zutreffen. Mache dir Notizen in deinen Lebensordner.

Finde raus, was du drauf hast

DAS SOLLTEST DU WISSEN

2. Das macht dich aus

Außenorientierung und Innenorientierung

Außenorientierung beschreibt, wie aktiv ein Mensch ist, vor allem im Kontakt mit Anderen. Außenorientierte Menschen reden viel, haben einen großen Freundeskreis und mögen Gesellschaft. Sie sind kontaktfreudig, locker, selbstsicher und energiegeladen. Meistens haben sie gute Laune und erwarten überwiegend Positives vom Leben. Der Fachbegriff für Außenorientierung ist Extraversion; eine außenorientierte Person ist extravertiert.

Innenorientierung bedeutet das genaue Gegenteil. Ein innenorientierter Mensch ist im Kontakt zu anderen zurückhaltend und schüchtern. Er redet wenig und ist eher unsicher. Bist du innenorientiert, dann hast du keinen großen Bekanntenkreis, sondern wenige gute Freunde. Du bist im Kontakt mit anderen eher passiv, abwartend und ruhig. Innenorientierung wird von Psychologen als Introversion bezeichnet; bist du innenorientiert nennt man das introvertiert.

Verträglichkeit und Eigensinnigkeit

Auch Verträglichkeit und Eigensinnigkeit beschreiben, wie du mit anderen Menschen umgehst. Wer verträglich ist, ist freundlich, hilfsbereit und kooperativ. Verträgliche Personen sind meist großzügig und selbstlos. Sie bringen anderen Menschen Vertrauen, Verständnis und Mitgefühl entgegen.

Eigensinnige Menschen verlassen sich dagegen lieber auf sich selbst. Sie sind öfter zurückhaltend und vorsichtig gegenüber anderen Menschen.

Bist du eine verträgliche Person, dann arbeitest du im Unterricht gern in Gruppen zusammen und löst Probleme gemeinsam. Wer eigensinnig ist, mag es, alleine zu arbeiten und das Problem oder die Aufgabe als Erster und Bester zu lösen.

Gewissenhaftigkeit und Spontaneität

Gewissenhafte Menschen sind organisiert und planen viel. Sie handeln sorgfältig, gründlich, überlegt und zuverlässig. Gewissenhaftigkeit bedeutet auch, dass man meist verantwortungsbewusst und arbeitsam ist.

Der Gegenpart von Gewissenhaftigkeit wird als Spontaneität bezeichnet. Spontane Personen planen und organisieren nicht gern, sondern handeln, ohne viel nachzudenken. Sie sind sprunghaft, geben neuen Ideen schnell nach und können sie entscheiden, ohne alle Details zu kennen. Sie sind risikofreudiger als gewissenhafte Menschen.

Bist du gewissenhaft, machst du nach der Schule zuerst deine Hausaufgaben. Ein spontaner Mensch geht ins Schwimmbad, weil das Wetter so schön ist, und erledigt die Hausaufgaben später.

Emotionale Stabilität und Sensibilität

Emotionale (gefühlsmäßige) Stabilität und Sensibilität entscheiden darüber, wie du mit Stress und negativen Gefühlen umgehst. Emotional stabile Menschen werden von Empfindungen wie Angst, Trauer und Wut weniger belastet. Sie empfinden diese als nicht sehr bedrohlich und sind daher oft ruhig, entspannt und zufrieden.

Wer sensibel ist, erlebt unangenehme Gefühle häufiger und stärker. Er ist in Gefahr, angespannt oder nervös zu sein und sich Sorgen zu machen. Sensible Menschen stehen mit ihren Gefühlen im engen Kontakt. Sie spüren genau, was emotional vor sich geht. Viele Künstler sind sensibel, weil der Ausdruck von Gefühlen zu neuen, kreativen Ideen führen kann.

Bist du eher sensibel, kann dich die kommende Mathearbeit ziemlich aus der Bahn werfen: Du erlebst Angst vor der Prüfung oder Ärger über die schlechte Note. Bist du emotional stabil, bringt dich die Matheprüfung kaum aus der Ruhe. Du bist vorher nicht so aufgeregt und auch ein schlechtes Ergebnis vermiest dir nicht die Laune.

Die wissenschaftlichen Fachbegriffe für emotionale Stabilität und Sensibilität sind Stresstoleranz und Neurotizismus.

2. Das macht dich aus

Offenheit für neue Erfahrungen und Beständigkeit

Offenheit für neue Erfahrungen beschreibt, wie sehr sich ein Mensch für neue Erlebnisse und Erfahrungen interessiert. Wer offen ist, ist wissbegierig und neugierig. Offene Menschen sind oft einfallsreich, experimentierfreudig oder künstlerisch begabt. Sie stellen Traditionen in Frage und probieren neue Denk- und Verhaltensweisen aus.

Der Gegenpol von Offenheit ist Beständigkeit. Beständige Menschen mögen alles, was sie schon kennen und was sich bewährt hat. Sie leben überlieferte Traditionen und probieren ungern Neues aus.

Offene Menschen suchen sich am liebsten jedes Jahr ein neues Urlaubsziel. Beständige Menschen fahren dagegen dorthin, wo es ihnen schon einmal gefallen hat.

> Keine Eigenschaft ist besser oder schlechter als eine andere. Alle können dir Vorteile oder Nachteile bringen. Mit allen Eigenschaften kannst du etwas in deinem Leben bewirken.

Begabungen

Jeder Mensch ist in irgendetwas gut: rechnen oder programmieren, mit Bausteinen bauen oder Geige spielen. Das sind alles Kompetenzen, die man erlernen kann. Wie gut du aber rechnen oder programmieren, bauen oder Geige spielen lernst, das hängt von deinen Begabungen ab.

Um Kompetenzen geht es auch in Kapitel C2 (S. → 58-61).

Die Intelligenz

Psychologen nennen die Begabungen auch Intelligenz. Damit meinen sie, wie leistungsfähig dein Gehirn in verschiedenen Bereichen ist. Man geht davon aus, dass die Gene bei der Intelligenz eine größere Rolle spielen als bei den Persönlichkeitseigenschaften. Doch auch unterschiedliche Umwelteinflüsse beeinflussen die Intelligenz, zum Beispiel welche Nahrung ein Kind bekommt und wie viel die Eltern mit ihm sprechen. Ob aber die genetischen Anlagen oder die Einflüsse der Umwelt wichtiger sind, darüber sind sich die Forscher nicht einig.

Unterschiedliche Begabungen

Man kann die Intelligenz in verschiedene Bereiche oder Begabungen aufteilen. Der eine kann vielleicht besonders gut Gefühle wahrnehmen; dann ist er emotional intelligent. Eine andere lernt ganz leicht Fremdsprachen; dann hat sie eine große sprachliche Begabung. Ein Dritter kann toll basteln und reparieren; er hat praktisches Geschick.

Deine Begabungen

Die acht wichtigsten Bereiche, in denen du begabt sein kannst, sind auf den folgenden Seiten kurz beschrieben. Achte schon beim Lesen darauf, welche Begabungen du haben könntest. Schreibe deine Ideen in den Lebensordner.

2. Das macht dich aus

Allgemeine Intelligenz

Wer eine hohe allgemeine Intelligenz besitzt, kann Vorgänge in der Welt besonders gut und schnell verstehen und dieses Verständnis auch auf von einer auf die andere Erscheinung übertragen. In Mathe etwa lernst du, Gleichungen mit einer Unbekannten x zu lösen. Von allgemeiner Intelligenz zeugt es, wenn du das Gelernte anschließend auf andere Gebiete übertragen kannst; wenn du also auch Gleichungen mit der Unbekannten k oder w lösen oder eine Gleichung nach einer Textaufgabe aufstellen kannst.

Die allgemeine Intelligenz brauchst du in der Schule; wenn du dort gute Noten hast, dann bist du vermutlich allgemein intelligent.

Emotionale Intelligenz

Mit emotionaler Intelligenz bezeichnen Psychologen die Fähigkeit, eigene und fremde Gefühle wahrzunehmen, zu verstehen und darauf zu reagieren. Dazu gehört zum Beispiel, die eigene Angst abzuschwächen oder sich nicht in Wut hineinzusteigern. Es bedeutet auch, dass man die eigenen Gefühle nutzt. Ärger über schlechte Noten kann dich dazu bringen, mehr zu lernen und deine Noten so zu verbessern. Wer emotional intelligent ist, fühlt außerdem mit anderen mit und erkennt dadurch, was sie brauchen oder wollen.

Für deine Berufswahl ist die emotionale Intelligenz sehr wichtig. Es ist etwa sinnvoll, dass Kindergärtnerinnen die Gefühle ihrer kleinen Schützlinge sicher erkennen und sinnvoll darauf reagieren. Außerdem spielt die emotionale Intelligenz eine Rolle beim Fortkommen im Beruf. Willst du ein Manager werden, musst du Menschen führen und beurteilen können. Dabei hilft emotionale Intelligenz.

Räumliches Denken

Wer sich Formen und Gegenstände richtig vorstellen kann, dabei auf die Perspektive und die Ausdehnung im Raum achtet und auch noch die unsichtbaren Teile im Geiste ergänzt, der kann hervorragend räumlich denken. Im Alltag ist das bei vielen kleineren Aufgaben wichtig: Wie man das Lego-Raumschiff am besten baut, wie die Möbel ins Zimmer passen oder wie man es schafft, alles Gepäck für den Urlaub in den Koffer zu bringen.

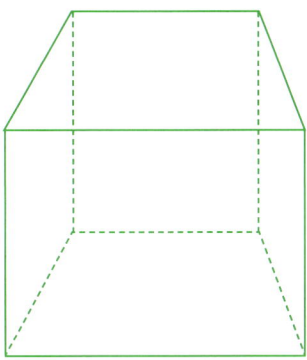

In vielen handwerklichen und technischen Berufen ist räumliches Denken besonders gefragt: Tischler, Architekt, Zahntechniker. Künstlerisch Arbeitende wie Inneneinrichter und Goldschmied benötigen ebenfalls räumliches Denken und auch ein Chirurg kommt nicht ohne ein gutes räumliches Vorstellungsvermögen aus.

Logisches Denken

Logisches Denken heißt, dass man folgerichtige Schlüsse zieht: Vom Allgemeinen auf das Spezielle etwa oder von einer Eigenschaft auf eine Gruppenzugehörigkeit. „Das Tier da fliegt und hat Federn, also ist es ein Vogel" ist ein logischer Schluss. Auch die Fähigkeit, geschickt mit Symbolen oder Zahlen umzugehen oder sich komplizierte Regeln zu merken, weist auf ein gutes logisches Denkvermögen hin.

Im Schachspiel muss man besonders viel logisch denken. Um zu gewinnen, musst du überblicken, welche Folgen dein nächster Zug bringt. Du brauchst logisches Denken auch, um Naturphänomene oder technische Geräte zu begreifen: „Es donnert, also kommt bald ein Gewitter." Oder: „Das Modem ist kaputt, daher kommt keine Internetverbindung zustande."

Unter anderem für technische und naturwissenschaftliche Berufe wie Ingenieur, Physiker oder Meteorologe (Wetterforscher) brauchst du ein besonders ausgeprägtes logisches Denkvermögen.

DAS SOLLTEST DU WISSEN

2. Das macht dich aus

Sprachliche Begabung

(Fast) jedes Kind lernt sprechen. Trotzdem sind nicht alle Menschen gleich sprachlich begabt. Dem einen fällt es schwer, einen Satz auf eine Urlaubspostkarte oder in eine SMS zu schreiben; ein anderer tut das, ohne lange nachzudenken.

Wenn du sprachlich begabt bist, dann fällt es dir leicht, zu sprechen und zu erzählen. Du kannst lange und komplizierte Sätze bilden. Du hast einen großen Wortschatz und kennst auch Fremdwörter und seltene Begriffe. Vielleicht hast du Spaß daran, mit Sprache herumzuspielen oder Sprichwörter zu verwenden.

Das Schreiben fällt Menschen mit einer sprachlichen Begabung ebenfalls leicht. Sie schreiben Sachtexte, Liebesbriefe, SMS, Berichte, Gedichte, Zeitungsartikel, Kochrezepte und andere Texte spielend leicht nieder. Sie sind fähig, andere mit ihren Worten zu berühren, zu beeinflussen, zu unterhalten oder zu belehren.

Sprachlich Begabte tun sich auch im Erlernen von Fremdsprachen leichter. Sie behalten Vokabeln schnell und haben ein Ohr für die richtige Aussprache.

Eine sprachliche Begabung hilft uns allen im Alltag weiter, denn fast alle menschliche Kommunikation – vom Deutschaufsatz, über die Textaufgabe bis zur SMS – muss gesprochen, gehört, geschrieben und gelesen werden. Berufe für Menschen mit sprachlicher Begabung sind Autor und Journalist (die Texte schreiben), aber auch Lehrer (der mit Sprache Wissen vermittelt) oder Therapeut (der im Gespräch anderen hilft).

Sportliche Begabung

Wer sportlich begabt ist, hat seinen Körper in der Bewegung besonders gut unter Kontrolle. Wissenschaftler nennen das Grobmotorik. Ein sportlich Begabter kann Bewegungen leicht nachahmen. Er kann komplexe, das heißt mehrteilige, Bewegungsabläufe gut koordinieren. Er ist beweglich, schnell, kräftig und ausdauernd. Er hat ein gutes Gleichgewichts- und Körpergefühl. Außerdem können sportliche begabte Menschen Probleme sehr schnell überblicken und sich für eine Lösungsmöglichkeit entscheiden. Das müssen sie im Mannschaftssport, wenn in Sekundenbruchteilen entschieden wird, zu welchem Mitspieler der Ball gespielt wird oder wann man auf den Korb zielt.

Sport ist für jeden Menschen sinnvoll, weil er Spaß und Schwung bringt. Eine echte sportliche Begabung bringt dir vielleicht deinen Traumberuf: Sportlehrer, Fitnesstrainer, Sportjournalist, Sportmediziner, Sportwissenschaftler oder in seltenen Fällen sogar Berufssportler.

Praktische Begabung

Bei der praktischen Begabung kommt es mehr auf die Feinmotorik, das bedeutet die Bewegungen der Hände und Finger, als auf die Grobmotorik wie im Sport an. Praktisch Begabte können gut mit Werkzeugen und verschiedenen Materialien umgehen. Sie sind außerdem fähig, sich Pläne von Dingen, die sie bauen oder reparieren wollen, vorzustellen oder sie zu entwickeln

Im Alltag gibt es viele Aufgaben, die eine gewisse praktische Begabung erfordern: ein Hardware-Teil in den PC einbauen, Gemüse schneiden oder kaputte Türen reparieren zum Beispiel.

Alle handwerklichen und viele technische Berufe sind perfekt für Menschen mit praktischer Begabung: Fräser, Metallbauer, Friseur, Gärtner und viele mehr. Aber auch als Musiker oder Zahnarzt brauchst du große Fingerfertigkeit.

DAS SOLLTEST DU WISSEN

2. Das macht dich aus

Kreativität

Kreativität bedeutet, dass ein Mensch viele, vor allem ungewöhnliche Ideen hat. Kreative haben eine gute Vorstellungskraft und Fantasie. Diese wenden sie bei Malerei, Bildhauerei oder Komposition an, aber auch beim Entwickeln neuer technischer Geräte, wie einer Sprachsteuerung für Haushaltsgeräte oder einer umweltfreundlichen Lampe.

Kreativität brauchst du für verschiedene Hobbys wie Malen, Basteln oder Computer Reparieren. Sie hilft dir auch in der Schule: Eine neue, kreative Idee macht zum Beispiel deinen Deutschaufsatz interessanter.

Kreative Menschen sind häufig Künstler, also Maler, Bildhauer, Schriftsteller oder Musiker. Viele Handwerker kommen nicht ohne Kreativität aus, denn auch sie erschaffen Neues: Der Metallbauer den kunstvoll gestalteten Gartenzaun, der Gärtner ein Blumenbeet und die Friseurin ein Haarstyling. Auch in anderen Berufen tut ein Schuss Kreativität gut, denn damit lassen sich Probleme auch mal anders lösen: Der Physiklehrer kann die Fliehkraft statt im Klassenraum auf dem Kettenkarussell erklären; der Firmenchef rüffelt den dauernd verspäteten Angestellten nicht, sondern lässt ihn eine Runde Mittagessen ausgeben; der Ingenieur entwickelt eine Fräsmaschine, die eine kreative Weiterentwicklung einer alten Technik nutzt.

> **Die Mischung macht's**
>
> Eine Begabung allein führt nicht zwangsläufig zu einem bestimmten Beruf. Nur weil du sportlich begabt bist, musst du nicht Spitzenathlet werden. Es ist die individuelle Mischung von Eigenschaften, Begabungen und Motivationen, mit der du einen bestimmten Beruf gut ausüben kannst.

Motivationen

Alles, was du tust, wird von irgendetwas motiviert; immer treibt dich irgendein Wunsch oder Bedürfnis an. Du isst, um satt zu werden. Du schläfst, um dich auszuruhen. Du liest dieses Buch, um später einen passenden Beruf zu finden.

Was Menschen brauchen

Hinter dem, was dich motiviert, stehen die Grundbedürfnisse des Menschen. Wir Menschen brauchen Nahrung, um zu überleben. Wir streben nach Sicherheit, denn wir wollen lange und gesund leben. Wir wollen unsere Umwelt verstehen, das heißt wir streben nach Wissen. Auch Nähe zu anderen Menschen ist für unsere Zufriedenheit wichtig.

Die verschiedenen Bedürfnisse sind bei allen Menschen unterschiedlich stark ausgeprägt. Wir werden nicht alle von den gleichen Dingen motiviert.

Motivationen im Beruf

Die tägliche Arbeit kann dich auf verschiedene Arten motivieren. Sie bringt zunächst mal Geld und damit die Möglichkeit, Nahrung zu kaufen. Arbeit bringt auch Anerkennung von anderen. Wenn man viel mit Menschen arbeitet, wird das Bedürfnis nach Nähe befriedigt.

Es ist sinnvoll, einen Beruf zu wählen, der deinen persönlichen Motivationen entspricht. Dann hast du leichter Spaß und Erfolg im Job. Befriedigt der Beruf dagegen deine persönlichen Bedürfnisse nicht, macht dir die Arbeit weniger Freude. Motiviert dich zum Beispiel die Nähe zu anderen Menschen, dann ist Krankenschwester vielleicht ein passender Beruf für dich. Wirst du aber außerdem von viel Geld motiviert, dann macht dich dieser Beruf vielleicht unzufrieden.

DAS SOLLTEST DU WISSEN

2. Das macht dich aus

Geld

Jeder braucht Geld, das ist klar: Für die Miete, das Essen, die Kleidung, für ein Auto, den PC, das Ausgehen und viele andere Dinge mehr. Trotzdem wird nicht jeder Mensch von Geld stark motiviert.

Wer von Geld motiviert wird, dem ist es wichtig, sich viel kaufen zu können: Das coolste Handy, den schnellsten Computer, den schicksten MP3-Player. Im Beruf macht es ihn wirklich zufrieden, wenn er viel verdient. Wer von Geld motiviert wird, sollte einen Beruf mit hohen Verdienstmöglichkeiten und guten Aufstiegschancen anstreben.

Sicherheit

Wenn du Sicherheit suchst, dann möchtest du möglichst heute schon wissen, was morgen sein wird.

Die größte Sicherheit im Beruf gibt es für Beamte wie Richter oder Lehrer. Sie können nämlich nicht plötzlich entlassen werden. Angestellte haben heutzutage weniger Sicherheit, denn leider gibt es immer wieder massenhafte Kündigungen. Am wenigsten Sicherheit bieten selbstständige Tätigkeiten, bei denen man sich immer wieder neu um Kunden bemühen muss: als Inhaber eines Ladens, als freischaffende Malerin, als Leiter einer Werbeagentur oder als selbstständiger Handwerksmeister.

Anerkennung

Anerkennung bedeutet, dass jemand bemerkt, dass du eine Sache gut machst. Du bekommst eine Rückmeldung zu dem, was du tust. Das kann in Form von einem Lob sein, aber auch in Form einer Gehaltserhöhung oder eines wiederholten Auftrags.

Wer von Anerkennung motiviert wird, kann sie in verschiedenen Berufen finden: Eine Krankenschwester bekommt Dank und Lob von den Patienten, der Arzt dagegen wird von praktisch allen Menschen in unserer Gesellschaft bewundert und hochgeschätzt. Wer alleine arbeitet, etwa als Journalist, bekommt dagegen bei der täglichen Arbeit nur wenig direkte Anerkennung.

Kontrolle

Wer die Kontrolle hat, kann andere Menschen und bis zu einem gewissen Grad auch die Ereignisse kontrollieren.

Wirst du von Kontrolle motiviert, dann ist eine Führungsposition für dich das richtige. Doch auch in untergeordneten Positionen, wie als Sekretärin, ohne die der Chef keinen wichtigen Termin einhalten könnte, ist Kontrollausübung möglich.

Selbstständige wie der niedergelassene Arzt oder der Gruppentrainer, die ihre Arbeitszeiten und Aufgaben selber regeln, haben eine höhere Kontrolle als Angestellte, deren Arbeitstag von Regeln und Vorgesetzten bestimmt ist.

Leistung

Für manche Menschen ist Leistung motivierend. Sie finden es befriedigend, etwas zu schaffen, etwas zu tun, etwas fertig zu bekommen. Das kann für den Fabrikarbeiter ein fertig montiertes Auto sein, für den Bauarbeiter die volle Arbeitswoche plus Überstunden und für den selbstständigen Handwerker der neue Großauftrag.

DAS SOLLTEST DU WISSEN

2. Das macht dich aus

Wissen

Manche Menschen streben nach Wissen. Sie wollen mehr über die Welt erfahren und alle Zusammenhänge immer besser verstehen.

Für sie ist ein Beruf passend, in dem sie häufig Neues lernen müssen, unterschiedlichen Menschen begegnen oder verschiedene Länder bereisen müssen. Wissenschaftler an der Universität zum Beispiel lernen immerzu Neues. Ein Unternehmensberater, der immer wieder in verschiedenen Firmen eingesetzt wird, sammelt viel Wissen über Menschen und Arbeitsstellen an. Ein Musiker, der mit dem Orchester um die ganze Welt reist, lernt viele Länder kennen. Ein Ingenieur erweitert stetig sein Wissen in seinem Fachgebiet und setzt es in verbesserte Technik um.

Umgang mit Menschen

Nähe zu anderen Menschen ist für viele Leute sehr motivierend. Es macht ihnen Spaß, anderen zu helfen, mit ihnen zu sprechen oder mit ihnen zusammenzuarbeiten.

Besonders heilende, pflegende und erzieherische Berufe wie Physiotherapeut, Altenpflegerin oder Kindergärtnerin sind topp für Leute, die gern mit Menschen umgehen. Der Handwerker in der Werkstatt oder die Lektorin am Schreibtisch haben dagegen meist weniger direkten Umgang mit Menschen.

Sinn

Für viele Menschen ist es schön, wenn ihre berufliche Tätigkeit einen tieferen Sinn mit sich bringt. Sie wollen für andere Menschen, Tiere oder die Natur Gutes tun oder etwas bewegen.

Sinn kann man in vielen Berufen finden; besonders aber in solchen Tätigkeiten, in denen man sich um Menschen kümmert: Arzt, Pastor/Priester oder Sozialpädagoge zum Beispiel. Mitarbeiter von Umweltschutzorganisationen oder Biologen finden Sinn im Schutz der Natur. Ein Lehrer kann Sinn darin entdecken, Wissen in die Welt zu tragen.

Das Wichtigste auf einen Blick

Die Persönlichkeit jedes Menschen lässt sich durch fünf Eigenschaftspaare darstellen, du kannst in verschiedenen Feldern begabt sein und jeder Mensch wird von anderen Dingen motiviert. Du siehst also: Wie alle anderen Menschen bist auch du ein einzigartiges Individuum. Daher wird auch ein ganz bestimmter Beruf besonders gut zu dir passen.

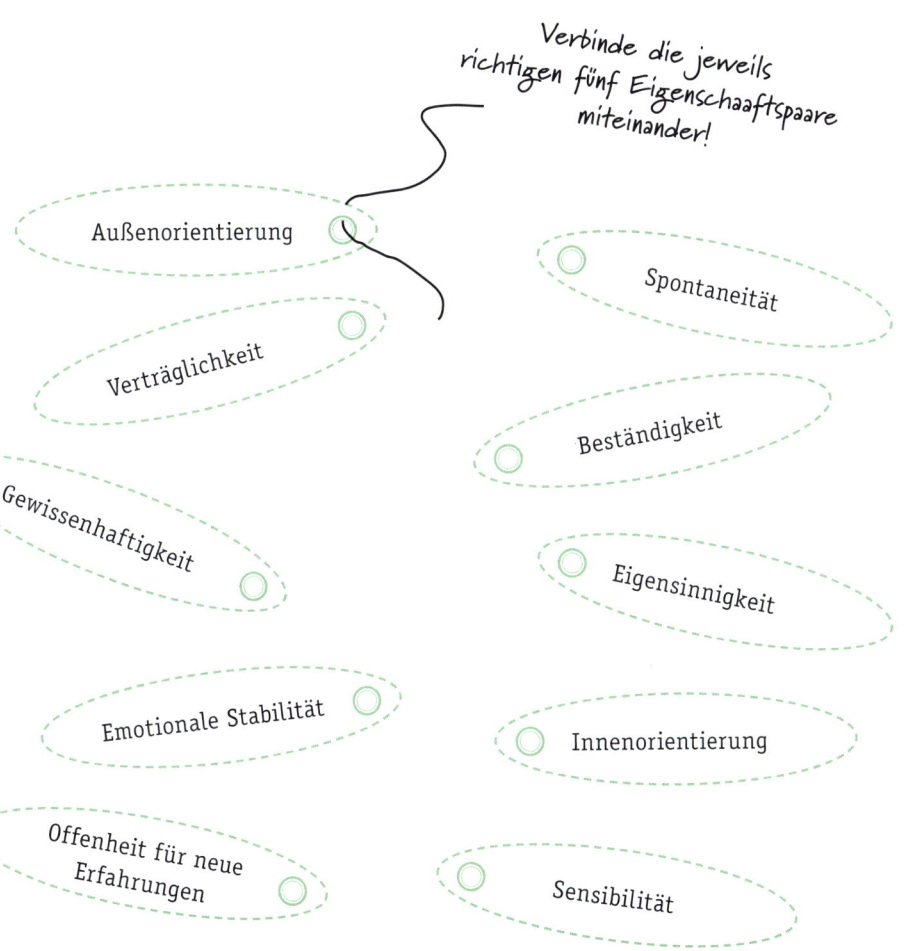

Finde raus, was du drauf hast

DIR SELBST AUF DER SPUR

1. Geschichten aus deinem Leben

Dein Leben als heiße Spur

Du liest dieses Buch, weil du herausfinden möchtest, was du besonders gut kannst. Einiges weißt du sicher schon, weil es dein Hobby ist oder weil du in der Schule gute Noten darin bekommst: Handball spielen, Programme für den Computer schreiben oder Französisch sprechen. Das sind allerdings keine Eigenschaften oder Begabungen, sondern Bereiche, in denen du deine Persönlichkeitseigenschaften und Begabungen anwendest. Deine Hobbys und deine Schulfächer sind ein erster Hinweis darauf, was du besonders gut kannst. Solche Hinweise aus deinem Leben können dir helfen, deinen Persönlichkeitseigenschaften, Begabungen und Motivationen auf die Spur zu kommen.

Deine Erlebnisse sind gefragt

Bei der Suche nach deinen Persönlichkeitseigenschaften, Begabungen und Motivationen können dir Erlebnisse aus deinem Leben helfen. Damit sind Erfahrungen gemeint, in denen du etwas gut und erfolgreich erledigt hast; Erlebnisse, bei denen du Spaß hattest oder ein Lob von anderen einheimsen konntest; Momente, an die du gern mit Stolz zurückdenkst.

Deine Erlebnisse müssen nicht großartig, besonders oder weltbewegend sein. Sie stammen aus der Schule, der Freizeit oder dem Alltag. Menschen oder Tiere, Sport, Musik oder Technik spielen dabei eine Rolle. Vielleicht hast du einen Dreier im Basketball geworfen, deinem Hund einen Splitter aus der Pfote gezogen oder deinen Computer selber repariert.

Geschichten schreiben

Stelle dir vor, du bist ein Autor und schreibst ein Buch über dich selbst. Du forschst nun nach spannenden Erlebnissen für dein Buch. Stelle dir dabei vor allem zwei Fragen:

1. Wo war ich besonders gut?
2. Was hat mir Spaß gemacht?

Eine ausführliche Fragenliste findest du auf der nächsten Seite.

So gehst du vor

Nimm dir ein wenig Zeit, einige Blätter Papier und einen Stift. Wie immer kannst du natürlich auch am PC oder Laptop arbeiten.
Lies die Liste der Fragen durch. Denke an deine Erlebnisse der letzten Tage, Wochen und Monate. Sicher fällt dir dabei eines ein, das sich als „Geschichte aus deinem Leben" eignet.
Schreibe das Erlebnis wie eine erfundene Geschichte auf. Beschreibe, was passiert ist und wie du dich dabei und hinterher gefühlt hast. Schreibe ausführlich und in ganzen Sätzen. Benutze die erste Person und die Vergangenheit. Deine Geschichte beginnt dann zum Beispiel so: „Letzte Woche war ich segeln ..." Es ist nicht wichtig, wie lang der Text wird.

Viele Geschichten

Verfasse vier Geschichten. Achte darauf, dass du nicht mehrere sehr ähnliche Erlebnisse beschreibst. Versuche besser, Geschichten aus verschiedenen Lebensbereichen zu finden.

Mehr Spaß macht es, wenn du zu deinen Erlebnissen zunächst Stichworte notierst. Schreibe dann die erste Geschichte ausführlich auf und werte sie aus (s. S. ➜ 33–37). Gehe bei den weiteren Erlebnissen genauso vor.

Finde raus, was du drauf hast

B DIR SELBST AUF DER SPUR

1. Geschichten aus deinem Leben

Die Fragen

Auf der Suche nach einer Geschichte aus deinem Leben frage dich:
- Wo war ich besonders gut?
- Wo hatte ich Erfolg?
- Wofür bekam ich Lob und Anerkennung von anderen?
- Was hat mir Spaß gemacht?
- Worauf bin ich besonders stolz?

Verborgene Talente

Möglicherweise schlummern auch noch Persönlichkeitseigenschaften, Begabungen und Motivationen in dir, die du bisher nicht oder nur wenig angewandt hast. Denke über folgende Fragen nach, um ihnen auf die Spur zu kommen:

- Welche Persönlichkeitseigenschaften, Begabungen und Motivationen finde ich an anderen gut (s. S. ➔ 11–25)?
- Wofür bewundere ich andere?
- Wer ist mein Vorbild? Warum? Vielleicht meine Mutter, die immer gewissenhaft alle Aufgaben erledigt, oder mein Vater, der sich besonders liebevoll um alle Verwandten kümmert?
- Habe ich vielleicht ähnliche Talente?

Schreibe auch diese Überlegungen in Form von Geschichten auf.

Das Ideen-Tagebuch

Fällt es dir schwer, dich an Erlebnisse zu erinnern, bei denen du etwas gut gemacht hast und die dir Freude bereitet haben? Dann hilft ein Tagebuch weiter. Notiere eine Woche lang in deinem Lebensordner stichwortartig alles, was du tagsüber getan hast. Schreibe nur Stichpunkte auf und lasse kein Ereignis des Tages weg, so normal und langweilig es dir auch erscheinen mag.

Am Ende des Zeitraums betrachtest du deine Liste noch einmal. Bewerte deine Erlebnisse mit Schulnoten: Besonders schöne Erlebnisse bekommen eine Eins oder Zwei, normale Begebenheiten eine Drei oder Vier und besonders negative Ereignisse eine Fünf oder Sechs. Das Beispiel unten zeigt dir, wie deine Liste aussehen kann.

Wähle nun Ereignisse aus, die du mit Eins oder Zwei bewertet hast. Nimm möglichst solche Erlebnisse, bei denen du selber aktiv etwas getan hast. Die Fragen im Kasten oben (s. S. → 28) helfen dir dabei, diese zu finden. Schreibe die Erlebnisse wie beschrieben als Geschichten auf.

Datum	Erlebnis	Bewertung
Samstag, 1. 10.	morgens fertig machen	4
	frühstücken mit Mama und Papa	2
	mit kleiner Schwester Mathe üben	3
	bei online-VZ surfen	1

DIR SELBST AUF DER SPUR

1. Geschichten aus deinem Leben

Drei Beispiele

Lies die Beispiele, um zu erfahren, was für „Geschichten aus ihrem Leben" andere Jugendliche geschrieben haben.

Ein Abend im Jugendclub

Ich gehe regelmäßig in den Jugendclub. Neulich hatte ich die Idee, dass jeder Jugendliche einmal selber einen Abend dort gestaltet. Ich ließ gleich eine Liste herumgehen, in die sich alle eintragen konnten, die einen Abend organisieren wollten.

Mein Thema hieß „Lieblingsbücher". Ich brachte meine beiden Lieblingsbücher – *Harry Potter* Band 3 und *Die unendliche Geschichte* – mit. Zunächst erzählte ich, wovon die Bücher handeln und warum sie mir so gut gefallen. Aus jedem Buch las ich eine Seite vor. Dann sahen wir *Harry Potter 3* als Film an.

Es hat mir viel Spaß gemacht, von meinen Lieblingsbüchern zu berichten. Ich habe viel erzählt und alle hörten gespannt zu. Viele Teilnehmer haben mir hinterher gesagt, dass sie es total schön fanden, über die Bücher zu reden. Ein Mädchen meinte sogar, dass sie jetzt auch *Harry Potter* lesen will. Das war für mich das schönste Lob.

Marie, 14

PC-Probleme

Neulich rotierte der PC meiner Freundin. Das Textverarbeitungsprogramm blieb dauernd hängen und auch andere Programme zeigten Fehlermeldungen. Insgesamt war der Rechner total langsam geworden. Ich versuchte zunächst, die Festplatte zu  defragmentieren, damit schneller auf Daten zugegriffen werden kann. Dadurch wurde die Rechenzeit etwas kürzer, aber das Textverarbeitungsprogramm funktionierte immer noch nicht. Ich entschied, dass das Betriebssystem vermutlich einen Fehler hatte. Ich sicherte alle Daten meiner Freundin auf externe Speichermedien und rebootete dann das gesamte System. Als auch das nichts half, spielte ich das Betriebssystem von der Hersteller-CD neu auf den Computer auf. Die Programme liefen wieder einwandfrei. Nun musste ich meiner Freundin nur noch helfen, ihren Computer wieder so aussehen zu lassen wie vorher: Ich richtete den Desktop wieder mit ihren Ordnern und dem richtigen Hintergrundbild her, speicherte Lesezeichen im Browser, lud das E-Mail-Programm erneut aus dem Internet herunter und tataa! Der PC war fast wie neu!

Maxi, 15

1. Geschichten aus deinem Leben

DIR SELBST AUF DER SPUR

Hilfe für Opa

Vor ein paar Wochen musste mein Opa plötzlich ins Krankenhaus. Er hatte einen Schlaganfall. Danach ging es ihm eine Weile gar nicht gut: Er konnte sich schlecht bewegen und kaum sprechen. Natürlich musste Opa auch gefüttert werden. Als ich einmal bei ihm zu Besuch war, schaute ich zu, wie Oma ihm das Essen reichte. Ich fragte sie, ob ich das am nächsten Tag übernehmen dürfte.

Am nächsten Mittag ging ich wieder ins Krankenhaus. Ich ließ mir von der Schwester das Essen und den Saft geben. Dann fütterte ich Opa Löffel für Löffel seinen Brei. Es war zuerst ein ganz komisches Gefühl. Aber ich sah, dass es Opa gut schmeckte. Ich gab ihm auch zu trinken und wischte am Ende seinen Mund ab. Opa lächelte mich an und drückte ganz leicht meine Hand.

Ich fand es total schön, Opa zu helfen. Ich sah, dass er sich freute, und das machte mich froh. Dann kam die Krankenschwester und sagte: „Dein Opa hat endlich mal alles aufgegessen! Das hat er bei mir noch nie. Klasse hast du das gemacht." Darauf war ich sehr stolz.

Lukas, 14

Persönlichkeitseigenschaften, Begabungen und Motivationen erkennen

Aus deinen Geschichten kannst du ablesen, welche Eigenschaften, Begabungen und Motivationen du bei deinem Erlebnis gebraucht hast. Anhand der drei Beispiele siehst du, wie das geht.

Die drei Beispiele

Marie hatte in der Geschichte „Ein Abend im Jugendclub" eine neue Idee: Die Treffen sollen von den Jugendlichen selbst gestaltet werden. Sie zeigte dabei Offenheit. Außerdem sprach sie gern vor der Gruppe. Dafür brauchte sie Außenorientierung. Beim Erzählen und Lesen wendete sie ihre sprachliche Begabung an. Marie hörte gern von den Teilnehmern, dass ihnen der Abend gefallen hat, sie wird also wahrscheinlich von Anerkennung motiviert.

In der Geschichte „PC-Probleme" arbeitete Max gründlich und ordentlich und zeigte dabei Gewissenhaftigkeit. Er wendete bei der Arbeit am PC logisches Denken an. Max freute sich, dass er sich so gut mit Computern auskennt und den PC ganz allein reparieren konnte; er wird vermutlich von Wissen und Leistung motiviert.

Lukas in der Geschichte „Hilfe für Opa" handelte selbstlos, freundlich und großzügig: er hat also die Persönlichkeitseigenschaft Verträglichkeit verwendet. Außerdem ließ er sich von den Sorgen um seinen Opa nicht aus der Ruhe bringen und zeigte emotionale Stabilität. Im Umgang mit dem alten Mann half auch seine emotionale Intelligenz. Lukas mochte es, seinem Opa Hilfe zu bringen (Umgang mit Menschen), auch das Lob der Krankenschwester (Anerkennung) machte ihm Freude; vielleicht gefällt ihm auch der große Sinn seiner Tätigkeit.

B DIR SELBST AUF DER SPUR
1. Geschichten aus deinem Leben

	Ein Abend im Jugendclub	PC-Probleme	Hilfe für Opa
Eigenschaften			
Außenorientierung			
Innenorientierung			
Verträglichkeit			✗
Eigensinnigkeit			
Gewissenhaftigkeit		✗	
Spontaneität			
Emotionale Stabilität			✗
Sensibilität			
Offenheit	✗		
Beständigkeit			
Begabungen			
allgemeine Intelligenz			
emotionale Intelligenz			✗
räumliches Denken			
logisches Denken		✗	
sprachliche Begabung	✗		
sportliche Begabung			
praktische Begabung			
Kreativität			
Motivationen			
Geld			
Sicherheit			
Anerkennung	✗		✗
Kontrolle			
Leistung		✗	
Wissen		✗	
Umgang mit Menschen			✗
Sinn			✗

Finde raus, was du drauf hast

Werte deine Geschichten aus

Lies deine erste Geschichte noch einmal durch. Gehe dann die Liste der Eigenschaften, Begabungen und Motivationen auf der nächsten Seite (s. S. ➜ 36) durch. Überlege bei jedem Punkt, ob du diese Eigenschaft oder diese Begabung in deiner Geschichte verwendet hast. Denke auch darüber nach, welche Motivationen dich angetrieben haben. Erinnere dich dazu genau, wie du dich damals gefühlt hast und was du empfindest, wenn du heute an das Erlebnis denkst. Es gibt hierbei keine richtige oder falsche Antwort. Du kannst nur selber entscheiden. Du bist der Experte, der sich am besten mit dir selbst auskennt! Lasse im Zweifel dein Bauchgefühl entscheiden und hake die Kästchen ab, die dir richtig erscheinen.

Lies auf den Seiten ➜ 11-25 nach, wenn du wissen willst, was genau unter einem Begriff zu verstehen ist.

Ein Bild von dir

Gehe alle deine Geschichten auf diese Art und Weise durch. Betrachte danach die fertige Tabelle noch einmal ganz genau. Besonders interessant sind Zeilen, in denen du mehrmals ein Häkchen gesetzt hast. Hast du zum Beispiel in vier deiner fünf Geschichten die Eigenschaft Verträglichkeit gebraucht? Dann besitzt du sie sicher.

Hast du eine Eigenschaft, Begabung oder Motivation nur ein- oder zweimal verwendet, ist das Bild noch nicht ganz so klar. Kapitel B2 (s. S. ➜ 38-53) kann dir helfen, herauszufinden, ob du diese Eigenschaft besitzt.

Finde raus, was du drauf hast

DIR SELBST AUF DER SPUR
1. Geschichten aus deinem Leben

DU BIST DRAN!

	Meine Geschichten			
	1	2	3	4
Eigenschaften				
Außenorientierung				
Innenorientierung				
Verträglichkeit				
Eigensinnigkeit				
Gewissenhaftigkeit				
Spontaneität				
Emotionale Stabilität				
Sensibilität				
Offenheit				
Beständigkeit				
Begabungen				
allgemeine Intelligenz				
emotionale Intelligenz				
räumliches Denken				
logisches Denken				
sprachliche Begabung				
sportliche Begabung				
praktische Begabung				
Kreativität				
Motivationen				
Geld				
Sicherheit				
Anerkennung				
Kontrolle				
Leistung				
Wissen				
Umgang mit Menschen				
Sinn				

Finde raus, was du drauf hast

Geschichten auswerten

Schreibe hinter die Ziffern 1-4 jeweils ein Stichwort, das dich daran erinnert, welche Geschichte du bearbeitet hast. Passende Stichworte für die Beispielgeschichten wären „Jugendclub", „PC" und „Opa".

Ergebnis

Trage hier ein, was du herausgefunden hast.

Ich besitze:

Mich motiviert:

Das Wichtigste auf einen Blick

Finde Erlebnisse aus deinem Leben, bei denen du Erfolg und Spaß hattest. Schreibe sie als Geschichten auf. Überlege, welche Eigenschaften und Begabungen du dabei benutzt hast und welche Motivationen dich angetrieben haben. So kannst du herausfinden, was dich als Individuum ausmacht und antreibt. Du wirst feststellen, dass du ganz schön viel Tolles kannst!

2. Selbst- und Fremdeinschätzung

Selbst- und Fremdeinschätzung

Auf den nächsten Seiten findest du ausführliche Fragelisten (s. S. ➜ 40–49). Neben den „Geschichten aus deinem Leben" (s. S. ➜ 26–37) kannst du sie dazu nutzen, deine Persönlichkeitseigenschaften, Begabungen und Motivationen herauszufinden. Am Ende trägst du deine Ergebnisse in Schaubilder ein und siehst so auf einen Blick, was dich ausmacht (s. S. ➜ 50–53).

Selbsteinschätzung

Du kennst dich selbst am besten. Schließlich steckst du, und nur du, in deinem eigenen Kopf und deinem Herzen drin. Du erlebst jederzeit hautnah mit, was du erlebst, denkst und fühlst. Kein anderer kann das so genau wissen. Du kannst dich selber also mit Sicherheit sehr gut einschätzen.

Manchmal ist man sich selbst gegenüber aber auch ein wenig blind. Nach dem Motto „Man sieht den Wald vor lauter Bäumen nicht" ist es oft schwer, bei sich selber Verhaltensmuster oder Vorlieben zu erkennen. Das liegt meist daran, dass du dich viel zu gut kennst: Du siehst alle einzelnen Facetten und erkennst dahinter keine Gemeinsamkeiten mehr. An dieser Stelle können dir deine Mitmenschen helfen.

Fremdeinschätzung

Deine Eltern, Geschwister oder ein sehr guter Freund – sie können dir helfen, dich selber besser kennenzulernen. Es sollten Personen sein, mit denen du viel Zeit verbringst und die dich gut kennen. Bitte sie, die Fragen ebenfalls zu beantworten, und zwar für dich. Am besten benutzt dein Helfer einen andersfarbigen Stift. Dann könnt ihr nämlich auf einen Blick erkennen, wo dein Helfer dich anders sieht als du dich selbst.

Über diese Punkte solltet ihr anschließend sprechen. Frage deinen Helfer: Warum denkst du so über mich? Kannst du mir Beispiele nennen? Könnte auch meine Einschätzung richtig sein? Versucht abschließend, ein gemeinsames Kreuzchen in einer dritten Farbe zu setzen. So erhältst du ein realistisches Bild von dir selbst.

Sei ehrlich!

Wenn du die Fragen beantwortest, dann tue dir selber einen Gefallen und sei ganz ehrlich. Klar, es gibt sicher Dinge, die man an sich selber nicht besonders mag. Vielleicht bist du eher unbeständig und bekommst Sachen oft nicht fertig. Andere Eigenschaften oder Begabungen hättest du vielleicht viel lieber, etwa eine hohe Außenorientierung oder ein großes sportliches Talent. Trotzdem solltest du die Fragen wahrheitsgemäß beantworten. Nur dann kannst du dich selber genau kennenlernen und einen Beruf finden, der gut zu dir passt. Ganz sicher wirst du dabei feststellen, dass du auch viele tolle Eigenschaften und Begabungen besitzt!

DIR SELBST AUF DER SPUR

2. Selbst- und Fremdeinschätzung

Fragen zu deinen Persönlichkeitseigenschaften

Kreuze an, ob jeweils der erste oder zweite Satz hinter einer Nummer auf dich zutrifft. Wenn du dich bei beiden Sätzen nicht genau wiederfindest, ist das nicht schlimm. Entscheide dann, welcher Satz dich eher oder besser beschreibt. Kannst du dich überhaupt nicht bei einer Antwortmöglichkeit wiederfinden, dann kreuze nichts an.

		Du	Helfer 1	Helfer 2
1	Bei Partys stehe ich im Zentrum der Aufmerksamkeit. (1a)			
	Bei Partys halte ich mich in einer stillen Ecke auf. (1b)			
2	Wenn ich andere treffe, interessiert es mich, wie es ihnen geht. (2a)			
	Wenn ich andere treffe, interessiert es mich wenig, wie es ihnen geht. (2b)			
3	Ich erledige meine Hausaufgaben rechzeitig, meist sofort nach der Schule. (3a)			
	Ich erledige meine Hausaufgaben erst am Abend oder sogar am Morgen vor der Stunde. (3b)			
4	Ich mache mir selten Sorgen. (4a)			
	Ich mache mir oft Sorgen und grübele viel. (4b)			
5	Ich habe oft sehr gute Ideen. (5a)			
	Ich habe selten gute Ideen. (5b)			
6	Ich rede viel, auch in Gruppen. (1a)			
	Ich rede nicht viel, besonders in Gruppen. (1b)			

Finde raus, was du drauf hast

		Du	Helfer 1	Helfer 2
7	Ich fühle mit, wenn ein Freund von seinen Sorgen erzählt. (2a)			
	Ich bleibe cool, wenn ein Freund von seinen Sorgen erzählt. (2b)			
8	Ich halte Ordnung, egal ob in meinem Zimmer oder in meinen Schulheften. (3a)			
	Bei mir ist es meist unordentlich, egal ob in meinem Zimmer oder in meinen Schulheften. (3b)			
9	Ich bin meistens entspannt. (4a)			
	Ich bin oft gestresst. (4b)			
10	Ich suche mir immer wieder neue Freizeitbeschäftigungen. (5a)			
	Meine Hobbys bleiben immer gleich. (5b)			
11	Ich fühle mich wohl, wenn ich mit vielen, auch fremden Menschen zusammen bin. (1a)			
	Ich fühle mich unwohl, wenn ich mit vielen, auch bekannten Menschen zusammen bin. (1b)			
12	Ich nehme mir viel Zeit für meine Familie und Freunde. (2a)			
	Mir sind andere Aufgaben oft wichtiger als Freunde und Familie. (2b)			
13	Ich bin auf Tests und Klausuren in der Schule immer gut vorbereitet. (3a)			
	Ich bin auf Tests und Klausuren in der Schule oft nicht gut vorbereitet. (3b)			
14	Ich bin meistens zufrieden. (4a)			
	Meine Laune wechselt häufig. (4b)			
15	Ich habe eine lebhafte Fantasie und kann mir Dinge gut ausmalen. (5a)			
	Ich bin immer sehr realistisch und bleibe bei den Tatsachen. (5b)			

Finde raus, was du drauf hast

DIR SELBST AUF DER SPUR

2. Selbst- und Fremdeinschätzung

		Du	Helfer 1	Helfer 2
16	Ich stehe gern im Mittelpunkt, zum Beispiel bei einem Referat in der Klasse oder wenn ich in einer Gruppe einen Witz erzähle. (1a)			
	Ich mag es nicht, wenn alle Aufmerksamkeit auf mich gerichtet ist. (1b)			
17	Ich merke, wenn jemand schlecht drauf ist. (2a)			
	Es fällt mir nicht auf, wenn jemand schlecht drauf ist. (2b)			
18	Nach getaner Arbeit räume ich auf. (3a)			
	Ich vergesse nach getaner Arbeit oft, benutzte Dinge wieder an ihren Platz zu räumen. (3b)			
19	Ich kann mich gut und lange konzentrieren. (4a)			
	Ich lasse mich leicht ablenken. (4b)			
20	Mir wird langweilig, wenn sich nichts ändert. (5a)			
	Ich mag es, wenn alles gleich bleibt. (5b)			
21	Ich beginne Gespräche von selbst. (1a)			
	Ich warte, bis mich jemand anspricht. (1b)			
22	Ich bin höflich, auch wenn mich jemand nervt. (2a)			
	Ich zeige es deutlich, wenn meine Mitmenschen mich nerven. (2b)			
23	Ich schreibe gern eine Liste oder mache einen Plan, wenn ich mehrere Aufgaben habe. (3a)			
	Listen und Pläne gibt es bei mir nicht. (3b)			
24	Ich bleibe meistens ruhig, auch wenn etwas Unangenehmes passiert. (4a)			
	Ich rege mich auf, wenn etwas Unangenehmes passiert. (4b)			
25	Ich probiere gern mal etwas Neues aus: Essen, Spiele, Freunde, Urlaubsziele. (5a)			
	Ich mache am liebsten das, was sich schon lange bewährt hat. (5b)			

Auswertung

Zähle nun, wie oft du welche Ziffer und welches Zeichen angekreuzt hast. Trage die Ergebnisse in die Tabelle ein. Die Fragen, bei denen du nichts angekreuzt hast, zählst du einfach nicht mit.
Schaue dir an, welche Ziffer-Zeichen-Kombinationen bei dir besonders häufig und welche besonders selten vorkommen. Sie stehen für die folgenden Merkmale. Eine genauere Auswertung kannst du auf den S. → 50-53 vornehmen.

	1	2	3	4	5
a					
b					

- 1a Außenorientierung
- 1b Innenorientierung
- 2a Verträglichkeit
- 2b Eigensinnigkeit
- 3a Gewissenhaftigkeit
- 3b Spontaneität
- 4a emotionale Stabilität
- 4b Sensibilität
- 5a Offenheit für neue Erfahrungen
- 5b Beständigkeit

Tendenzen

Das hier ist kein wissenschaftlicher Test. Du kannst jetzt also nicht sicher sagen: „Ich bin verträglich" oder „ich bin sensibel". Deine Antworten geben allerdings Tendenzen davon wider, welche Persönlichkeitseigenschaften du besitzt. Da du intuitiv bereits über dich Bescheid weißt, kannst du sicher beurteilen, ob die Ergebnisse des Tests ungefähr zutreffen.

DIR SELBST AUF DER SPUR

2. Selbst- und Fremdeinschätzung

Fragen zu deinen Begabungen

Kreuze alle Sätze an, die genau oder ungefähr auf dich zutreffen.

	Du	Helfer 1	Helfer 2
Ich habe in den meisten Fächern gute Schulnoten. (A)			
Wenn es mir nicht gut geht, kann ich genau sagen, welche Gefühle mich nerven. (B)			
Ich kann mir vorstellen, wie mein Modellauto aussehen soll, und es nach der Vorstellung bauen. (C)			
Ich sage oft: „Das kann ja gar nicht sein" oder „Ist doch (un)logisch!" (D)			
Ich denke selten lange nach, bevor ich etwas sage oder schreibe. (E)			
Ich habe eine super Note in Sport. (F)			
Ich bastele und werke gern. (G)			
Ich bin nie um eine gute Idee verlegen. (H)			
Ich kann Textaufgaben in Mathe gut lösen. (A)			
Ich steigere mich nicht in negative Gefühle hinein. (B)			
Ich verlaufe mich selten, wenn ich eine unbekannte Gegend durchstreife. (C)			
Es fällt mir leicht, Dinge in Gruppen einzuordnen, also etwa Tiere in Gattungen oder Wörter in Wortarten. (D)			
Ich beschäftige mich in meiner Freizeit mit Sprache (lesen, schreiben, Kreuzworträtsel lösen u. ä.). (E)			
Ich treibe in meiner Freizeit viel Sport. (F)			
Ich untersuche und repariere technische Geräte. (G)			

	Du	Helfer 1	Helfer 2
Ich denke mir gern Neues aus, egal ob Geschichten, Möbel oder Spiele. (H)			
Ich kann meine Hausaufgaben meist ohne Hilfe erledigen. (A)			
Wenn ich mit Freunden spreche, merke ich, wie sie sich fühlen. (B)			
Wenn ich etwas auseinandernehme, kann ich mir gut merken, wie ich es später wieder zusammenbauen muss. (C)			
Ich verstehe die Funktion von technischen Geräten. (D)			
Ich kenne viele Fremdwörter, Redewendungen und Sprichwörter und ich interessiere mich für alte und seltene Wörter. (E)			
Ich lerne neue Sportarten und spezielle Bewegungsabläufe schnell. (F)			
Ich kann mit meinem Fingern feine Aufgaben erledigen, zum Beispiel Knoten lösen oder ein Instrument spielen. (G)			
Ich mache die Dinge gern mal ganz anders, als es normal ist. (H)			
Ich verstehe neue Inhalte in der Schule meist schnell und gut. (A)			
Ich fühle mich selten von meinen Gefühlen überwältigt. (B)			
Ich tüftele gern daran herum, etwas platzsparend und praktisch einzupacken. (C)			
Ich erkenne auf einen Blick, welche Folgen mein Handeln hat. (D)			
Ich bin in der Schule gut in den Fremdsprachen. (E)			
Ich bin stark, schnell und ausdauernd. (F)			
Ich mag es, zu zeichnen oder zu nähen. (G)			
Ich habe eine starke Vorstellungskraft. (H)			

Finde raus, was du drauf hast

DIR SELBST AUF DER SPUR

2. Selbst- und Fremdeinschätzung

Auswertung

Zähle nun, wie oft du welchen Buchstaben angekreuzt hast. Trage die Ergebnisse in die Tabelle ein.
Welche Buchstaben kommen bei dir besonders häufig und welche besonders selten vor? Sie stehen für die folgenden Begabungen. Eine genauere Auswertung kannst du auf den S. → 50-53 vornehmen.

A	B	C	D
Allgemeine Intelligenz	Emotionale Intelligenz	Räumliches Denken	Logisches Denken

E	F	G	H
Sprachliche Begabung	Sportliche Begabung	Praktische Begabung	Kreativität

Finde raus, was du drauf hast

Fragen zu deinen Motivationen

Kreuze alle Sätze an, die genau oder ungefähr auf dich zutreffen.

	Du	Helfer 1	Helfer 2
Ich habe den neuesten MP3-Player, den es gibt, bzw. ich hätte ihn gern. (a)			
Es macht mich nervös, wenn ich nicht weiß, was mich erwartet. (b)			
Ich höre es gern, wenn mich jemand lobt. (c)			
Ich gebe meinen Freunden gern Tipps und gute Ratschläge. (d)			
Ich mache meine Hausaufgaben immer gleich komplett fertig. (e)			
Ich interessiere mich für die meisten Schulfächer. (f)			
Ich helfe oft anderen Menschen wie meinen kleinen Geschwistern oder jüngeren Schülern. (g)			
Ich verbringe viel Zeit mit Dingen wie Jugendgruppe oder Sportverein, die mir weder Geld noch gute Noten bringen. (h)			
Ich habe oder hatte einen Ferienjob, damit ich mir besondere Wünsche erfüllen kann. (a)			
Ich mag keine Überraschungen. (b)			
Ich liebe es, gute Noten zu bekommen. (c)			
Ich entscheide gern, was ich mit meinen Freunden in der Freizeit unternehme. (d)			
Ich freue mich, wenn ich etwas erledigt habe. (e)			
Bei neuen Themen fällt es mir leichter, in der Schule aufzupassen, als bei bekannten. (f)			

B DIR SELBST AUF DER SPUR

2. Selbst- und Fremdeinschätzung

	Du	Helfer 1	Helfer 2
Ich besuche gern meine Großeltern oder andere Verwandte, die sich darüber freuen. (g)			
Ich finde es toll, wenn ich die Welt ein wenig besser machen kann, indem ich zum Beispiel Müll trenne oder einer kranken Freundin die Hausaufgaben bringe. (h)			
Ich zeige meinen Freunden gern, was ich Neues habe. (a)			
Ich plane gern. (b)			
Ich sage anderen, was ich an ihnen toll finde, in der Hoffnung, dass sie es auch tun. (c)			
Ich könnte mir gut vorstellen, Klassen- oder Schulsprecher zu werden, oder ich bin es schon. (d)			
Ich zeige meiner Familie oder meinen Freunden, was ich geschafft habe (Hausaufgaben, Bastelarbeiten o.ä.). (e)			
Wiederholung langweilt mich in der Schule eher. (f)			
Ich lerne in der Schule besonders gut in der Gruppe. (g)			
Ich finde Umwelt- und Tierschutz total wichtig. (h)			
Ich möchte später auf jeden Fall einen Beruf, in dem ich gut verdiene. (a)			
Ich bin zufrieden, wenn jeder Tag gleich abläuft. (b)			
Wenn meine Eltern mir für eine Aufgabe eine Belohnung versprechen, erledige ich sie schneller. (c)			
Ich leite gern andere an, zum Beispiel im Sportverein oder in der Jugendgruppe. (d)			
Ich mache viel für die Schule und finde das auch gut. (e)			
Ich lese in meiner Freizeit Sachbücher zu verschiedenen Themen, gucke Wissenssendungen im Fernsehen oder informiere mich im Internet. (f)			
Ich verbringe meine Freizeit lieber mit meinen Freunden als mit einem Buch oder dem Computer. (g)			
Ich finde, alle Menschen sollten einander helfen und füreinander da sein. (h)			

Auswertung

Zähle nach, wie oft du welche Zahl angekreuzt hast. Trage die Ergebnisse in die Tabelle ein.
Welche Motivationen hast du besonders häufig und welche besonders selten angekreuzt? So siehst du schon einmal, was dich antreibt. Eine genauere Auswertung kannst du auf den S. → 50–53 vornehmen.

a	b	c	d
Geld	Sicherheit	Anerkennung	Kontrolle

e	f	g	h
Leistung	Wissen	Umgang mit Menschen	Sinn

Finde raus, was du drauf hast

DIR SELBST AUF DER SPUR

2. Selbst- und Fremdeinschätzung

Deine Ergebnisse: Grafik zum Selbsterstellen

Auf den folgenden Seiten kannst du deine Ergebnisse aus den Fragelisten (s. S. ➜ 40–48) in Schaubilder eintragen. So erstellst du ein ganz persönliches Profil von dir.

Persönlichkeitseigenschaften

Ziehe nun bei jeder Eigenschaft die b-Werte von den a-Werten ab (a−b = dein Ergebnis). Hast du viermal ein Kreuz bei Außenorientierung (1a) gesetzt und ein Kreuz bei Innenorientierung (1b), dann rechne 4 − 1 = 3. Markiere das Ergebnis als Balken im Schaubild. Ist das Ergebnis eine positive Zahl, weist der Balken nach rechts, bei einer negativen Zahl geht der Balken nach links. Wenn das Ergebnis der Rechnung Null ist, malst du keinen Balken auf.

Besonders interessant sind die langen Balken, weil sie darauf hinweisen, dass diese Eigenschaft bei dir besonders deutlich ausgeprägt ist.

Begabungen und Motivationen

Zähle, wie oft du welche großen bzw. kleinen Buchstaben angekreuzt hast. Markiere die Werte im Schaubild. Male Säulen in deiner Lieblingsfarbe. An den besonders hohen Säulen erkennst du auf einen Blick, wo du begabt bist und was dich motiviert.

> **Tipp: Farbwahl**
>
> Trage deine Werte in der gleichen Farbe in die Schaubilder ein, in der du auch die Fragen beantwortet hast. Wenn Familie oder Freunde die Fragen ebenfalls für dich beantwortet haben, dann zeichne weitere Werte in ihrer Farbe in die Schaubilder ein. So siehst du sofort, wo deine und ihre Einschätzungen auseinanderdriften.

Beispiel:

	-5	-4	-3	-2	-1	0	1	2	3	4	5	
Innenorientierung												Außenorientierung
Eigensinnigkeit												Verträglichkeit
Spontaneität												Gewissenhaftigkeit
Sensibilität												Emotionale Stabilität
Beständigkeit												Offenheit. f. neue Erf.

Auswertung

Deine Persönlichkeitseigenschaften:

(1a) − (1b) = 　　　　　　　(4a) − (4b) =

(2a) − (2b) = 　　　　　　　(5a) − (5b) =

(3a) − (3b) =

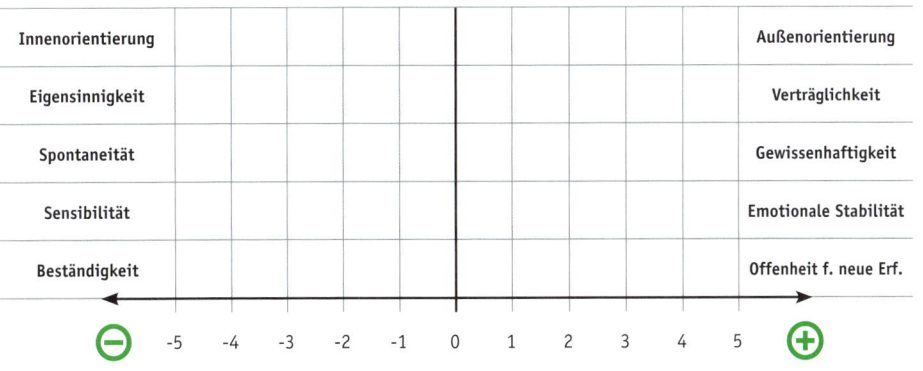

Finde raus, was du drauf hast

DIR SELBST AUF DER SPUR

2. Selbst- und Fremdeinschätzung

Beispiel:

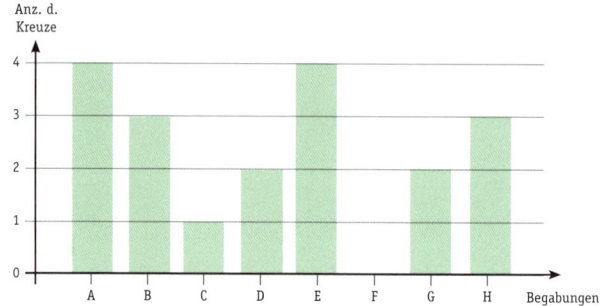

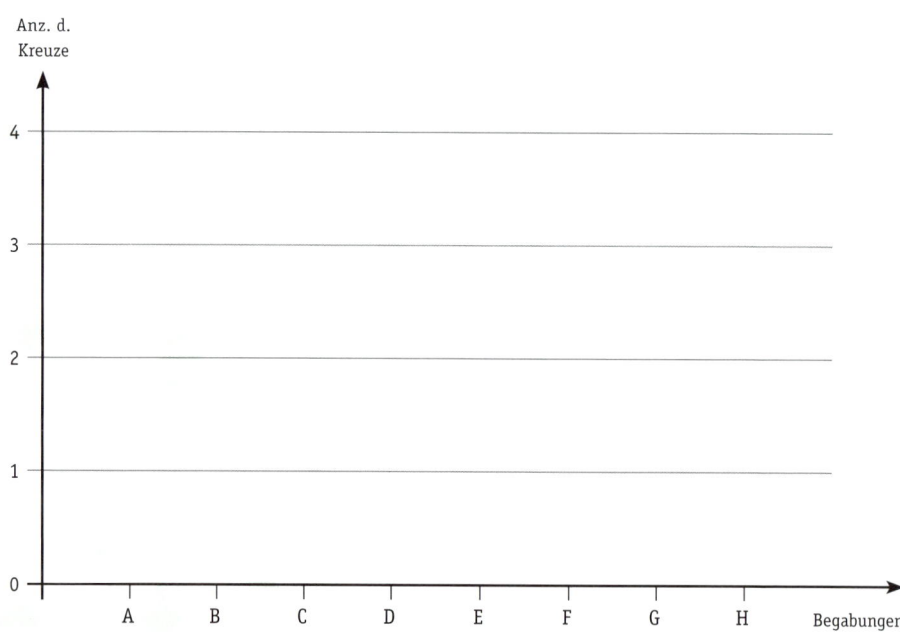

Beispiel:

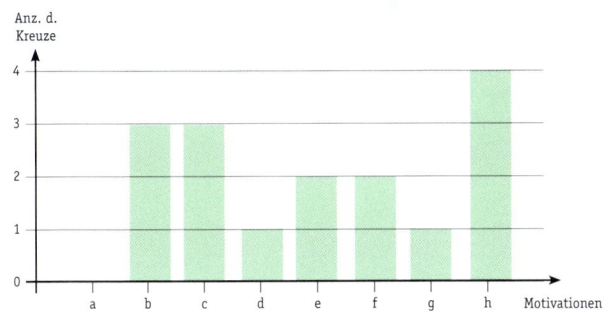

C DAS KANNST DU TUN
1. Grundfertigkeiten

Für Erfolg im Job und Spaß mit den Mitmenschen

Deine persönlichen Eigenschaften, Begabungen und Motivationen solltest du unbedingt kennen, um einen guten Beruf für dich auswählen zu können. Gleichzeitig gibt es aber ein paar Dinge, die jeder Mensch beherrschen sollte. Eine hohe Verträglichkeit oder eine große emotionale Intelligenz nützen nichts, wenn du deine Mitmenschen nicht respektierst. Eine hohe Motivation hilft nicht, wenn du jeden Morgen zu spät kommst.

Respekt gegenüber deinen Mitmenschen, Pünktlichkeit und einige andere Eigenschaften bringen dich in deinem Beruf – egal welchem – wie auch im Privatleben voran. Deine Vorgesetzten, aber auch deine Kollegen und deine Kunden bekommen es mit, wenn dir diese Grundfertigkeiten fehlen. Sie bekommen eine schlechte Meinung von dir. Im schlimmsten Fall bekommst du einen Rüffel, verlierst einen Kunden oder sogar deine Arbeitsstelle.

Die Grundfertigkeiten sind auch außerhalb der Arbeit unentbehrlich für ein gutes Miteinander aller Menschen. Wenn du sie beachtest, dann hast du seltener Stress und Streit mit deinen Mitmenschen.

Respekt

Egal, ob im Beruf oder im Privatleben: Deinen Mitmenschen solltest du Respekt entgegenbringen. Respekt bedeutet, dass du die anderen als Menschen wertschätzt. Du behandelst sie genauso freundlich und verständnisvoll wie dich selbst. Du denkst jederzeit daran, dass sie Wesen mit Meinungen und Gefühlen sind – genau wie du!

Das bedeutet nicht, dass du es gut finden sollst, wenn jemand falsch oder kriminell handelt. Aber selbst dann gilt: Er oder sie ist ein menschliches Wesen und verdient Respekt.

Respekt zeigen kannst du, wenn du freundlich bist, wenn du genau zuhörst, wenn du andere Menschen nicht gleich be- oder verurteilst oder über sie lästerst. Respekt zeigst du auch, wenn du höflich bist.

Höflichkeit

Höflichkeit beschreibt, wie wir miteinander umgehen. Dabei ist es in unserer Gesellschaft üblich, bestimmte Regeln zu beachten. Die Regeln der Höflichkeit können in anderen Ländern ganz anders sein als bei uns. In Südafrika zum Beispiel gilt es als höflich, keine Einladung abzulehnen – egal, ob man Zeit hat oder nicht. Wenn man dann nicht hingeht, ohne abzusagen, wundert sich niemand darüber.

Bei uns bedeutet Höflichkeit, andere Menschen zu begrüßen und sich zu verabschieden; „bitte" und „danke" zu sagen; zu warten, bis der Gesprächspartner zu Ende geredet hat; gegenüber älteren Menschen, Kranken oder Schwangeren besonders rücksichtsvoll zu sein; niemanden aus Spaß in Verlegenheit zu bringen.

Ehrlichkeit

Im Berufsleben ist Ehrlichkeit wichtig: Du musst ehrlich sagen, ob du eine Aufgabe übernehmen kannst oder ob sie dir zu schwer ist. Manchmal muss man ehrlich sein und Fehler eingestehen. Und Ehrlichkeit bedeutet auch, keine Kugelschreiber, Druckerpatronen oder ähnliches aus dem Büro mit nach Hause zu nehmen.

Ehrlichkeit und Höflichkeit schließen sich leider manchmal aus. Es wäre zwar ehrlich, deinem sehr beleibten Chef zu sagen, dass er dick ist – aber es wäre auch sehr unhöflich. Und weil es ihn verletzt, ist es auch respektlos.

Versuche einen Tag lang so ehrlich zu sein, wie du nur kannst. Erinnere dich immer wieder daran. Sei aber auch ehrlich zu dir selbst und gestehe dir ein, wenn du nicht die Wahrheit sagen kannst oder willst. Denke an Respekt und Höflichkeit!

 **DAS KANNST DU TUN**

1. Grundfertigkeiten

Hilfsbereitschaft

Kein Mensch kann alles. Der eine kann gut rechnen, die andere super mit Menschen umgehen. Da bietet es sich doch richtig an, dass die beiden sich gegenseitig helfen: Dann gibt der eine Tipps für die Abrechnung und dafür übernimmt die andere ein unangenehmes Telefongespräch.

Schreibe eine Woche lang jeden Tag auf, wenn du einem Mitmenschen hilfst: Tisch abräumen, Zahnpasta auf die Bürste drücken, Tür aufhalten – alles zählt.

Lernbereitschaft

Unsere Welt verändert sich rasend schnell: Dauernd gibt es neue Technologien und wissenschaftliche Erkenntnisse. Auch wenn die Ausbildung oder das Studium längst abgeschlossen sind, muss jeder Mensch immer wieder Neues dazulernen. Wer nicht bereit ist, das zu tun, wird im Job nicht weit kommen und auch im Privatleben bald nicht mehr mitreden können.

Notiere ein paar Tage lang Begriffe und Themen, von denen du etwas gehört hast. Wähle ein dir fremdes Thema aus und informiere dich ausführlich darüber. Erzähle dann einem Familienmitglied oder Freund davon.

Zuverlässigkeit

Wer zuverlässig ist, der tut, wozu er verpflichtet ist. Wenn du mit deiner besten Freundin verabredest, dass ihr euch um drei an der Brücke trefft und sie kommt auch, dann ist sie zuverlässig. Und wenn ich ihr euch treffen wollt und sie taucht nicht auf, dann ist das ein Zeichen von Unzuverlässigkeit. Auch Pünktlichkeit gehört zur Zuverlässigkeit.

Im Job ist Zuverlässigkeit besonders wichtig: Dein Chef muss sich darauf verlassen können, dass du deine Aufgaben erledigst. Sonst geht ihm vielleicht ein wichtiger Auftrag durch die Lappen oder ein Kunde wird verärgert.

> *Immer wenn du etwas zusagst oder verabredest, dann schreibe es dir auf. Lies die Liste jeden Tag durch. Wenn du öfter unpünktlich bist, dann versuche mal umgekehrt unpünktlich zu sein, nämlich viel zu früh.*

Zivilcourage

Zivilcourage könnte man übersetzen mit „staatsbürgerlicher Mut". Sie bezeichnet die Fähigkeit, sich für die Mitmenschen und die Werte, an die man glaubt, einzusetzen. Hast du schon einmal mitbekommen, wie jemand in der Schule geärgert oder gehänselt wird? Oder vielleicht sogar geschubst, geschlagen oder erpresst? Wenn du hier einschreitest, zeigst du Zivilcourage.

Nicht nur in der Schule, auch im Berufsleben wird leider manchmal gemobbt und unterdrückt. Du brauchst Zivilcourage, um dich dagegen zu wehren.

> **Das Wichtigste auf einen Blick**
>
> Einige Eigenschaften sollte jeder Mensch besitzen: Respekt, Höflichkeit, Ehrlichkeit, Hilfsbereitschaft, Lernbereitschaft, Zuverlässigkeit und Zivilcourage. Mit ihnen kommt man in unserer Gesellschaft besser voran. Diese Grundfertigkeiten kannst du üben.

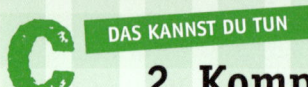

C DAS KANNST DU TUN
2. Kompetenzen

Allgemeine und spezifische Kompetenzen

Deine Persönlichkeitseigenschaften, Begabungen und Motivationen zu ändern, das ist schwer (s. Kap. B1 und B2, S. ➜ 26–53). Die Grundfertigkeiten dagegen kannst du üben (s. Kap. C1, S. ➜ 54–57). Außerdem gibt es noch jede Menge andere Dinge, die du für deinen späteren Job brauchst und die du lernen kannst. Diese nennt man Kompetenzen.

Zu den Kompetenzen gehören zum einen allgemeine Kompetenzen wie Kontaktfreudigkeit und Lernbereitschaft. Sie bringen dich in jedem Beruf voran. Daneben gibt es auch spezifische Kompetenzen, die du für eine bestimmte Arbeit brauchst: Der Kfz-Mechatroniker etwa lernt alles über Kraftfahrzeugelektronik, er lernt Achsvermessung und Löten. Eine Apothekerin dagegen erlernt die Wirkung bestimmter Arzneistoffe, Pillen drehen und Salben mischen.

> **Planvoll oder intuitiv?**
>
> Wenn sie etwas Neues lernen, befolgen viele Menschen am liebsten eine genaue Anleitung, die ihnen Schritt für Schritt erklärt, wie etwas funktioniert. Sie lesen zum Beispiel die Bedienungsanleitung ihres Festplattenrecorders genau durch und befolgen die einzelnen Schritte zur Aufnahme. Andere erschließen sich neue Inhalte lieber intuitiv selbst. Sie nehmen das Smartphone einfach in die Hand, öffnen das Menü und probieren verschiedene Funktionen selbstständig aus. Zu welchem Typ gehörst du?

Lernen ein Leben lang

Du ahnst es schon: Kompetenzen erwirbst du an ganz verschiedenen Orten und zu ganz verschiedenen Zeiten. Schon in der frühen Kindheit geht es los. Von deinen Eltern, Geschwistern und Spielkameraden lernst du, wie Menschen miteinander umgehen. Du erwirbst dabei Kompetenzen wie selbstsicheres Auftreten und Anpassungsvermögen.

In der Grundschule beginnst du, selbstständig zu arbeiten, dich auf die Arbeit zu konzentrieren und Noten zu bekommen. Dabei lernst du Selbstständigkeit, Konzentrationsfähigkeit, Kritikbereitschaft und Selbstdisziplin. Als Jugendlicher wird es immer wichtiger, auch in Gruppen zu lernen. Also kommt noch Teamfähigkeit hinzu, außerdem Auffassungsgabe, Überzeugungskraft und Ausdauer. Das sind alles allgemeine Kompetenzen.

In der Schule erwirbst du natürlich auch jede Menge spezifische Kompetenzen wie Berichte schreiben in Deutsch, Gleichungen lösen in Mathe und wissenschaftliche Texte verstehen in Bio.

Die spezifischen Kompetenzen, die du für deinen Beruf brauchst, erlernst du in der Ausbildung oder im Studium. Was das ist und was besser zu dir passt, das kannst du auf S. → 60 nachlesen.

Nach Schule und Ausbildung oder Studium geht es mit dem Lernen weiter. Neue Anforderungen im Beruf, aktuelle Trends in deiner Branche oder wichtige Fremdsprachen zum Umgang mit internationalen Kunden: Hiermit muss sich jeder ein Arbeitsleben lang auseinander setzen.

Finde raus, was du drauf hast

2. Kompetenzen

Ausbildung oder Studium?

Deinen Beruf kannst du entweder in einer Ausbildung oder in einem Studium erlernen.

Ausbildung

Eine Ausbildung dauert meist zwei bis drei Jahre. Sie ist praxisorientiert: Du arbeitest in dieser Zeit bereits in einem Betrieb und lernst dort Schritt für Schritt alle für den Beruf wichtigen Tätigkeiten. Außerdem verdienst du bereits dein erstes Geld.

Ein- bis zweimal in der Woche besuchen Auszubildende die Berufsschule. Dort haben sie allgemein bildende Unterrichtsfächer wie Deutsch, Mathe und Englisch, aber auch Fächer, die speziell für ihren Ausbildungsberuf wichtig sind wie Buchführung oder Materialkunde.

Eine Ausbildung kannst du mit jedem Schulabschluss machen; viele Betriebe nehmen jedoch am liebsten Jugendliche mit mittlerer Reife oder sogar Abitur an.

Ausbildungen gibt es besonders in Industrie und Handwerk, aber auch im Dienstleistungssektor, also im Handel, in Gesundheitsberufen, der Verwaltung und vielen anderen Wirtschaftszweigen.

Wenn du möchtest, kannst du nach der Ausbildung in den Beruf einsteigen oder noch ein passendes Studium anschließen.

Studium

Ein Studium absolvierst du an einer Universität oder Hochschule. Du brauchst dafür das Abitur bzw. die Fachhochschulreife. Von der Dualen Hochschule einmal abgesehen ähnelt das Studium dem Unterricht in der Schule; viele Studiengänge sehen zusätzlich Praktika in Betrieben vor.

Außerdem dauert ein Studium normalerweise länger (drei Jahre für den Bachelor-, vier bis fünf für den Master-Abschluss) als eine Ausbildung, und du verdienst noch kein Geld. Dafür hast du hinterher meist bessere Berufs- und Verdienstmöglichkeiten.

Studieren musst du, wenn du Lehrer, Rechtsanwalt oder Apotheker werden willst. Für Führungstätigkeiten wird in der Regel ein Abschluss an einer Hochschule vorausgesetzt.

Ausbildung oder Studium

Kreuze an, was am besten zu dir passt.

Ausbildung		Studium	
meist kürzer		meist länger	
praktisch		theoretisch	
Geld verdienen		später bessere Verdienstmöglichkeiten	
kein höherer Schulabschluss erforderlich		Abitur bzw. Fachhochschulreife nötig	

Das Wichtigste auf einen Blick

Du siehst, dass es auch Vieles gibt, was man lernen kann. Für den Beruf brauchst du allgemeine Kompetenzen wie Selbstständigkeit oder Teamfähigkeit sowie spezifische Kompetenzen, die für deine jeweilige Arbeit fachlich wichtig sind. Man lernt ein Leben lang: Vom Kleinkindalter über die Schulzeit bis ins Berufsleben. Die für deinen Beruf wichtigen spezifischen Kompetenzen erlernst du in einer Ausbildung oder in einem Studium. Auch als Erwachsener kannst du dich noch weiterbilden und etwa auf der Abendschule oder einer Akademie einen höheren Schulabschluss oder den Meisterbrief erwerben.

3. Laufbahnen

Deine Laufbahn

Auch wenn du und deine besten Freunde die gleiche Ausbildung oder das gleiche Studium absolviert, kann sich eure Karriere ganz unterschiedlich entwickeln. Das hängt nicht nur davon ab, in welcher Branche ihr später arbeitet, ob ihr selbstständig seid oder angestellt, sondern auch davon, für welche Art von Position im Unternehmen ihr euch entscheidet. Fachleute unterscheiden dabei meist zwischen Führungskräften, Spezialisten und Projektleitern.

Welche Art von Laufbahn für dich die richtige ist, zeigt sich vielleicht schon in der Schulzeit. Der eine taucht gern tief in ein Thema ein und beschäftigt sich auch in seiner Freizeit damit. In seinem Lieblingsfach hat er dann richtig gute Noten. Er ist vermutlich ein Spezialist. Eine andere liebt es, abgegrenzte Projekte zu planen und durchzuführen. Sie übernimmt die Organisation des Klassenfests, plant verschiedene Spiele und ein Kaffeetrinken, verteilt Aufgaben und überwacht, dass am Festtag alles gut läuft. Diese Schülerin ist vermutlich eine gute Projektleiterin. Wieder ein anderer übernimmt gern die Leitung, zum Beispiel in der Theater-AG. Er leitet die Wahl des neuen Stücks, hat in den Proben die Verantwortung und regt die anderen Schauspieler dazu an, sich anzustrengen. Außerdem überwacht er die Vorbereitungen für die Aufführung. Dieser Schüler könnte eine gute Führungskraft werden.

Alle drei Laufbahnen kann man auch im Berufsleben einschlagen. Oft entwickelt man sich im Laufe der Berufstätigkeit erst zum einen oder anderen Typ.

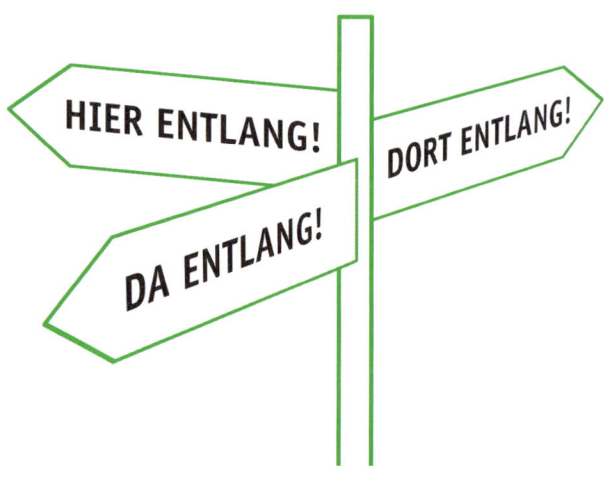

Verschiedene Positionen

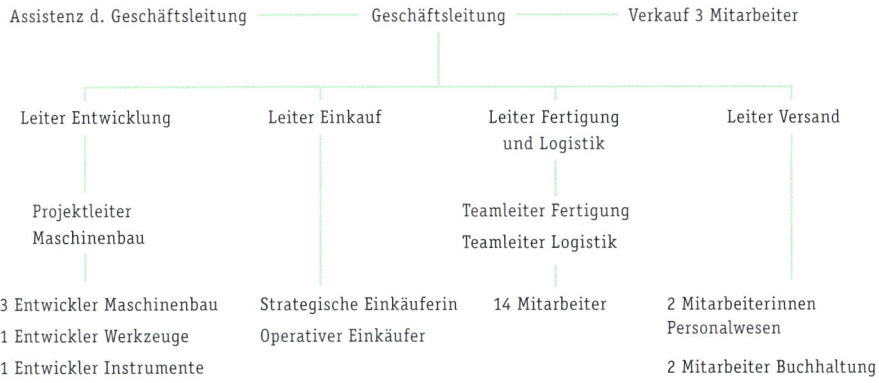

Organigramm eines Betriebs mit Führungskräften (z.B.Leiter), Projektleitern und Spezialisten (z.B. Entwickler)

Spezialisten

Spezialisten kennen sich in einem Themenbereich super aus und besitzen alle für einen abgegrenzten Arbeitsbereich wichtigen spezifischen Kompetenzen. Ein Maschinenbauingenieur in der Automobilbranche weiß alles über die verschiedenen Antriebssysteme moderner PKWs. Außerdem hat er die genau für seinen Arbeitsbereich passenden Persönlichkeitseigenschaften und Begabungen, etwa Beständigkeit und Gewissenhaftigkeit für schwierige und langwierige Aufgaben sowie ein gutes räumliches Vorstellungsvermögen für den Bau eines Motors.

Wissenschaftler, die an der Universität zu einem bestimmten Fachgebiet forschen, sind Spezialisten. Auch Sachverständige für Autos oder Häuser sind Fachleute. In jedem Unternehmen kann man Spezialisten von Führungskräften unterscheiden. Wer sich zum Spezialisten eignet, arbeitet beispielsweise in der Entwicklungsabteilung und erfindet dort ein neues Produkt oder arbeitet auch nur an einem Teil eines Produkts, wie z. B. an einem Automotor. Auch im öffentlichen Bereich findet man Spezialisten: Der Finanzbeamte ist Spezialist für Steuern, der Angestellte im Außenministerium für Beziehungen zu fremden Ländern. Die Leiterin des Finanzamts und der Außenminister sind dagegen Führungskräfte, die mehrere Fachleute und ihre speziellen Fähigkeiten zielführend koordinieren.

C DAS KANNST DU TUN
3. Laufbahnen

Führungskräfte

Überall, wo Menschen zusammenarbeiten, braucht man Personen, die anleiten, lenken und die Verantwortung übernehmen. Das ist in einer Schulklasse nicht anders als in einem Handwerksbetrieb oder einem börsennotierten Weltunternehmen. Führungskräfte im Unternehmen beeinflussen das Verhalten der Untergebenen so, dass sie Verantwortung, Teamgeist, Leistungsbereitschaft und anderes zeigen. Dadurch werden die Unternehmensziele erreicht, d.h. zum Beispiel Gewinne, Kundenzufriedenheit, Mitarbeiterzufriedenheit oder Auftragszahl gesteigert.

Wissenschaftler haben bisher noch nicht sicher belegen können, dass bestimmte Persönlichkeitseigenschaften für eine Führungskraft entscheidend sind. Vielmehr sollte eine Führungskraft gewisse Verhaltensweisen zeigen. Lies im Kasten nach und überlege, ob dir solche Aufgaben liegen. Führungskräfte sollten außerdem Fachwissen aus allen Bereichen besitzen, in denen ihre Mitarbeiter beschäftigt sind. Dafür steigen sie dort meist nicht sehr tief in die Materie ein.

Führungskräfte, auch Chef oder Manager genannt, gibt es auf verschiedenen Ebenen: Ein Gruppenleiter übernimmt die Aufsicht über eine Handvoll Mitarbeiter, der Abteilungsleiter hat mehrere Dutzend Angestellte unter sich und der Geschäftsführer schließlich alle Angestellten eines Unternehmens. Die oberste Führungsschicht besteht meist aus Menschen mit Hochschulstudium.

> **Aufgaben einer Führungskraft**
> - Vorbild sein, Vertrauen aufbauen
> - sinnvolle und anspruchsvolle Ziele setzen
> - zum selbstständigen und kreativen Arbeiten ermuntern
> - die persönliche Entwicklung der Mitarbeiter fördern
> - in besonderem Maß Verantwortung übernehmen

Projektleiter

Ein Projektleiter ist für die Durchführung eines klar begrenzten Projekts, einer bestimmten Aufgabe, zuständig. Er überwacht, ob die Arbeit durchgeführt wird, wie sich die Kosten entwickeln und ob alles pünktlich fertig wird. Er ist damit so etwas wie die Kreuzung zwischen Führungskraft und Spezialist. Ein Projektleiter muss einerseits die am Projekt beteiligten Mitarbeiter koordinieren können, andererseits muss er Fachwissen besitzen, das für die Aufgabe nötig ist. Er sollte dafür gut planen und organisieren können, denn er muss alle Teilaufgaben, das Budget und die Mitarbeiter im Blick behalten.

In der Industrie werden oft Projektgruppen gebildet, um eine Firma zu einem bestimmten Ziel zu bringen, zum Beispiel zur Eröffnung einer neuen Fabrik in China oder der Entwicklung eines neuartigen Produkts. Das Projekt bleibt über Wochen, Monate oder Jahre das Einsatzgebiet des Projektleiters. Wenn es abgeschlossen ist, bekommt er eine neue Aufgabe. Auch in anderen Arbeitsbereichen gibt es Tätigkeiten, die denen von Projektleitern in der freien Wirtschaft ähneln: Ein Pastor kümmert sich um den Gottesdienst, die Jugendarbeit und die älteren Menschen in seiner Gemeinde. Alle diese Tätigkeiten können als einzelne Projekte angesehen werden. Eine Werbefachfrau entwickelt für einen Kunden das Corporate Design, also das einheitliche Erscheinungsbild eines Unternehmens in grafischen Darstellungen in der Werbung und im Internet. Ist dieses Projekt abgeschlossen, wendet sie sich einem neuen Kunden zu. Ein Projektleiter hat also häufig Abwechslung.

Das Wichtigste auf einen Blick

Was liegt dir mehr? Magst du es, in ein Themengebiet so tief einzutauchen, bis du alles darüber weißt? Dann bist du ein guter Spezialist. Ist es dir lieber, dich mit vielen Themen auszukennen, und fällt es dir leicht, Menschen anzuleiten, dann liegt dir vielleicht die Laufbahn einer Führungskraft. Als Projektleiter solltest du gut planen und den Überblick behalten können.

4. Dein Traumjob

Welcher Beruf passt zu dir?

Du suchst einen Beruf, der zu dir passt. Aber was ist das eigentlich?

Ein Beruf, der zu dir passt ist einer, bei dem du deine individuellen Persönlichkeitseigenschaften und Begabungen einsetzt und der dir das einbringt, was dich motiviert.

Dazu mehrere Beispiele: Wenn du außenorientiert bist, passt ein Beruf zu dir, bei dem du etwas verkaufst, etwa als Vertriebsfachmann in einem großen Unternehmen. Als innenorientierte Persönlichkeit wäre dir dieser Beruf vermutlich eher unangenehm. Hast du außerdem eine sportliche Begabung, könntest du für den Vertrieb bei einem Sportartikelhersteller oder in einem großen Verein zuständig sein. Bist du sprachlich begabt, solltest du das Verkaufen vor allem in sprachlicher Form betreiben: beim Texten von Werbebroschüren oder am Stand deines Unternehmens auf einer Messe. Wirst du von Geld motiviert, solltest du eine gut bezahlte Position mit Aufstiegsmöglichkeiten anstreben. Ist Sicherheit nichts, was dir sehr wichtig ist, kannst du dich als Marketing- und PR-Spezialist auch selbstständig machen. Treiben dich Geld und Sicherheit an, ist eine entsprechende Position als Beamter im öffentlichen Dienst eine gute Möglichkeit, deine Bedürfnisse zu befriedigen.

Es ist in Ordnung und ganz normal, wenn man im Beruf nicht alle Eigenschaften und Begabungen einsetzen kann. Eine Kinderbuchautorin zum Beispiel nutzt in ihrem Beruf stark ihre sprachliche Begabung. Dass sie auch hervorragend räumlich und logisch denken kann, kommt ihr in der täglichen Arbeit nur selten zugute, etwa wenn sie Sachtexte zu naturwissenschaftlichen Themen verfasst. Trotzdem passt der Beruf gut zu ihr.

Je mehr deiner Eigenschaften und Begabungen du in deinem Beruf täglich einsetzt und je stärker er dich motiviert, umso eher wirst du mit deiner Arbeit rundum zufrieden werden.

(D)ein Traumjob

Vielleicht hast du schon einen Beruf gefunden, der dir interessant und abwechslungsreich, ja geradezu traumhaft schön erscheint. Ist er das nun, der Traumjob? Das ist möglich. Aber es ist auch wahrscheinlich, dass es noch mehrere andere Berufe gibt, die gut zu dir passen, dir Spaß machen und deine Motivationen erfüllen können. So verschiedenartig Menschen und Berufsbilder sind, so wahrscheinlich ist es, dass es mehrere Berufe gibt, die zu einem Individuum passen.

Besser wäre außerdem, du versteifst dich nicht auf einen einzigen Beruf, den du unbedingt ausüben willst. Vielleicht findest du keinen Studienplatz, hast den falschen Schulabschluss oder eine Allergie; vielleicht ist dein Beruf so schlecht bezahlt, dass du damit keine Familie ernähren könntest oder du kannst ihn nur in einer weit entfernten Stadt ausüben, in der du nicht wohnen möchtest – es gibt unendlich viele Gründe, warum du einen Beruf nicht ergreifen kannst. Halte dir zunächst lieber mehrere Wege in deine Zukunft offen.

Wie im Traum

Es klingt märchenhaft: Du hast deinen Traumjob gefunden. Von nun sind alle Tage in weiches Licht getaucht und du schwebst statt zu gehen. Die Arbeit macht immer Spaß, die Kollegen sind freundlich und Urlaub ist eigentlich gar nicht nötig ...

Ganz so ist es leider nicht. Auch im Traumjob wirst du Probleme haben, du wirst schwierige oder unangenehme Aufgaben bewältigen, langweilige Routine erleben oder mit Arbeitslosigkeit, Mobbing oder Gehaltskürzungen zu tun haben. Trotzdem bleibt der Beruf hoffentlich dein Traumjob, nämlich einer, der dir für lange Jahre gut gefällt.

DAS KANNST DU TUN
4. Dein Traumjob

Deinen Traumjob finden

Nun ist ein wenig Forschergeist gefragt. Es gibt unzählige Berufe in den Betrieben und Unternehmen. Bestimmt ist auch für dich der passende dabei – du musst ihn nur aufspüren!

Berufe im Alltag finden

Berufe findest du praktisch überall. Zuhause, in der Schule, in Geschäften, auf dem Amt: Überall begegnest du Menschen, die ihrem Beruf nachgehen. Überlege, was deine Eltern, erwachsene Geschwister und Bekannten arbeiten. Mache die Augen auf, wenn du zur Schule oder zum Einkaufen gehst. Du wirst überall Menschen bei der Arbeit erleben.

Stecke eine Woche lang Zettel und Stift ein und mache dir unterwegs Notizen, welchen Berufen du begegnest. Oder du nimmst dir jeden Abend zehn Minuten Zeit, um die Berufe des vergangenen Tages aufzuschreiben. Schreibe wie im Beispiel unten alles dazu, was dir ins Auge fällt, z. B. typische Aufgaben, Arbeitsplätze oder Schwierigkeiten. Sammele die Berufe in deinem Lebensordner.

Datum	Beruf	Bemerkungen
Donnerstag, 3. 11.	Bäckereiverkäuferin	leckere Hörnchen!; muss immer freundlich sein
	Busfahrer	Arbeit auch frühmorgens, spät abends und am Wochenende; viel Kontakt zu Menschen
	Lehrer	viel Kontakt zu Menschen; langes Studium, aber auch lange Ferien ;-)

Finde raus, was du drauf hast

Recherche im Netz und BIZ

Wenn du einen Beruf für dich suchst, solltest du nicht nur nach dem Zufallsprinzip suchen, sondern auch systematisch. Hierbei helfen Datenbanken im Internet, die eine Vielzahl an Berufen auflisten (s. Kasten unten). Nimm dir ein wenig Zeit und stöbere in Ruhe darin herum. Notiere dir in deinem Lebensordner, was dir interessant erscheint.

Nicht vergessen: Frage dich immer, ob ein Beruf zu deinen Eigenschaften und Fähigkeiten passt. Auch wenn er noch so spannend ist, Geld oder Prestige einbringt, das wichtigste Ziel für dich sollte sein, einen gut passenden Beruf zu finden.

In den Arbeitsagenturen gibt es sogenannte Berufsinformationszentren (BIZ). Besuche es an einem Nachmittag oder rege in der Schule an, mit der ganzen Klasse hinzugehen. Nimm zu dem Termin deinen Lebensordner und alle deine Notizen und Ideen mit. Im BIZ findest du Informationen über alle möglichen Berufe, z. B. in Mappen, Filmen und Computer-Datenbanken. Außerdem werden interessante Vorträge, Seminare und Workshops zu den Themen Berufswahl, Bewerbung und Ausbildung angeboten. Du kannst dich auch mit einem Berufsberater besprechen.

Berufe im www

Hier kannst du nach Berufen stöbern:

- http://berufenet.arbeitsagentur.de
- www.planet-beruf.de
- www.ausbildungplus.de
- www.wikipedia.de → „Beruf", „Berufsgruppe" und „Klassifizierung der Berufe"

Finde raus, was du drauf hast

C DAS KANNST DU TUN
4. Dein Traumjob

Branchen

Du kannst dir das Suchen nach einem passenden Beruf erleichtern, indem du dich erst einmal fragst, in welcher Branche du gern arbeiten würdest. Eine Branche, auch Wirtschaftszweig oder Geschäftsfeld genannt, besteht aus Unternehmen, die gleichartige Produkte herstellen oder ähnliche Dienstleistungen anbieten.

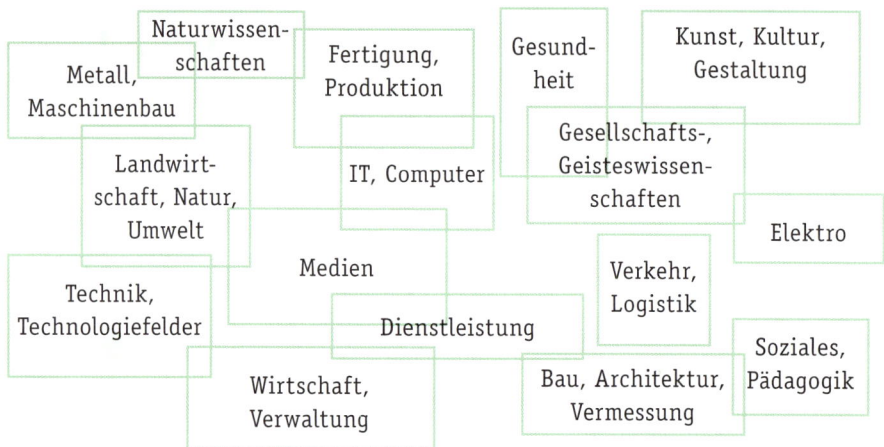

Es ist zunächst einmal eine Frage der persönlichen Interessen, in welcher Branche du arbeiten möchtest. Viele Berufe kommen in verschiedenen Branchen vor: Ein Maschinenbau-Ingenieur kann Windräder entwickeln (Technik, Technologiefelder) oder Autos bauen (Verkehr, Logistik); eine Controllerin kann die Unternehmensziele eines IT-Entwicklers (IT, Computer) oder eines Bauunternehmens (Bau, Architektur, Vermessung) prüfen; ein Personaler kümmert sich um die Belegschaft eines Museums (Gesellschafts-, Geisteswissenschaften), eines Facharztzentrums (Gesundheit) oder einer Universität (Soziales, Pädagogik). Überlege also, wo deine Interessen und Hobbys liegen: Magst du eher Häuser (Bau, Architektur, Vermessung), Computer (IT, Computer) oder Kunstwerke (Kunst, Kultur, Gestaltung)? Findest du die Sterne (Naturwissenschaften) spannender als Flugzeuge (Verkehr, Logistik)? So findest du Branchen, in denen du nach Berufen forschen kannst.

Deine Eigenschaften und Begabungen können dir aber auch Hinweise auf die Branche geben, die für dich geeignet ist. Bist du sportlich begabt, findest du eher einen Job in der Branche Gesundheit, als im Geschäftsfeld Elektro. Kannst du gut räumlich denken sind Bau, Architektur, Vermessung oder Technik, Technologiefelder vielleicht eher etwas für dich als Dienstleistung oder Soziales, Pädagogik.

Die Tabelle gibt dir einen Überblick über die verschiedenen Branchen und nennt Beispiele von typischen Berufen.

Branche	Berufe (Beispiele)
Bau, Architektur, Vermessung	Straßenbauarbeiter*, Architekt
Dienstleistung	Inhaber (Reinigungsfirma), Kosmetiker, PR-Berater
Elektro	Telekommunikationselektroniker, Ingenieur Elektrotechnik
Gesellschafts-, Geisteswissenschaften	Kurator, Dolmetscher
Gesundheit	Psychotherapeut, Diätberater
IT, Computer	Betriebsinformatiker, Web-Designer, Game-Developer
Kunst, Kultur, Gestaltung	Bühnentänzer, Edelsteinschleifer, Produktdesigner
Landwirtschaft, Natur, Umwelt	Recycling-Fachkraft, Hundefriseur
Medien	Drehbuchautor, Fotograf
Metall, Maschinenbau	Lasertechnischer Assistent, Fräser
Naturwissenschaften	Astronom, Geomatiker
Produktion, Fertigung	Bekleidungstechniker, Fahrzeuglackierer
Soziales, Pädagogik	Pastor, Erzieher
Technik, Technologiefelder	Solartechniker, Bauzeichner
Verkehr, Logistik	Flugbegleiter, Disponent
Wirtschaft, Verwaltung	Büro-Kaufmann, Rating-Analyst

*Aus Gründen der besseren Lesbarkeit wird in dieser Tabelle auf die gleichzeitige Verwendung männlicher und weiblicher Berufsbezeichnungen verzichtet.

Forsche weiter unter:

http://berufenet.arbeitsagentur.de/berufe/themeSearch.do.

C DAS KANNST DU TUN
4. Dein Traumjob

DU BIST DRAN

Berufe auswählen

Wenn du interessante Berufe entdeckt hast, solltest du ihr Anforderungsprofil genauer unter die Lupe nehmen. Forsche dazu im Internet oder BIZ (s. S. → 68–71) oder mache dich bei Bekannten oder während deines Praktikums schlau (s. S. → 74–75). Schreibe möglichst genau und ausführlich auf, welche Persönlichkeitseigenschaften und Begabungen der Beruf verlangt und welche Motivationen befriedigt werden. Lies dann in deinem persönlichen Profil (s. S. → 50–53) nach, ob du diese Anforderungen erfüllst.
Die folgenden zwei Beispiele zeigen dir, wie Tanja und Finn ihre Infos notiert haben. Auf der nächsten Seite findest du eine leere Tabelle, die du für deinen eigenen Wunschberuf ausfüllen kannst.

Floristin — Tanja, 14

Anforderungen	Mein Profil
Emotionale Intelligenz (Geschmack und Vorlieben der Kunden erspüren)	✔
Räumliches Denken (Kreieren von Sträußen, Kränzen und Gestecken)	✔
Kreativität (Kreieren von Sträußen, Kränzen und Gestecken)	✔

Beamter im höheren Kriminaldienst — Finn, 16

Anforderungen	Mein Profil
Verträglichkeit (im Team arbeiten, Zeugen vernehmen)	✔
emotionale Stabilität (Umgang mit Opfern und Verbrechen)	✔
logisches Denken (Zusammenhänge untersuchen, strukturieren, verstehen, deuten)	✔

Finde raus, was du drauf hast

Beruf: _____

Name, Alter: _____

Datum: _____

Anforderungen	Mein Profil

Brauchst du Hilfe?

Das Anforderungsprofil der verschiedenen Berufe findest du am leichtesten im BIZ bzw. unter http://berufenet.arbeitsagentur.de. Allerdings stehen dort andere Begriffe als in diesem Buch verwendet werden. Um die Sprache der Berufsprofile in deine Profil-Sprache von Eigenschaften, Begabungen und Motivationen zu übersetzen, kann ein wenig erwachsene Hilfe nicht schaden. Frage deine Eltern oder einen Berufsberater im BIZ. Diesen kannst du auch bitten, deinen Lebenslauf, dein Motivationsschreiben und deine Zeugnisse zu beurteilen.

Finde raus, was du drauf hast

C DAS KANNST DU TUN
4. Dein Traumjob

Lerne deinen Traumjob kennen

Hast du einige Berufe gefunden, die dir interessant und für dich passend erscheinen? Dann gilt es, diese Berufe näher kennenzulernen: Wie verläuft die Ausbildung? Welche Aufgaben gehören zum Arbeitsalltag? Welche Voraussetzungen müssen Bewerber erfüllen? In welchen Firmen gibt es den Beruf? Diese und ähnliche Fragen solltest du beantworten können, bevor du dich für einen Beruf entscheidest.

Am besten wäre es, du machst ein längeres Praktikum in deinem Traumberuf, zum Beispiel während des Betriebspraktikums während der Schulzeit. Oder du bemühst dich selber darum, in den Ferien in deinen Wunschberuf hineinzuschnuppern. In einigen Berufen bekommst du vielleicht sogar einen bezahlten Ferienjob.

Ist es dir nicht möglich, ein längeres Praktikum zu absolvieren? Dann überlege, ob du jemanden kennst, der in deinem Beruf arbeitet. Bitte auch deine Eltern, Geschwistern, Großeltern, Verwandten und Bekannten, dir bei der Suche nach einem Gesprächspartner zu helfen. Vereinbare mit deinem Ansprechpartner einen Gesprächstermin. Notiere dir vorher alle Fragen an deinen Beruf und lasse dir anschließend alles Wissenswerte darüber berichten.

Praktikum und Ferienjob

Einen Praktikumsplatz oder einen Ferienjob finden

Willst du ein Praktikum absolvieren oder einen Ferienjob machen, musst du Unternehmen finden, die deinen Beruf anbieten. Hierbei helfen Branchenverzeichnisse wie die „Gelben Seiten", die es auch im Internet gibt. Auch die Mitarbeiter im BIZ können weiterhelfen.

Bevor du den Betrieb kontaktierst, überlege dir, mit welchen Worten du dich und deinen Berufswunsch kurz vorstellen möchtest. Die Beispiele in den

Sprechblasen dienen als Anregung. Sei beim Telefonieren freundlich und lächele. Das wirkt sympathisch auf den Gesprächspartner, auch wenn er es nicht sieht! Und der erste Eindruck ist immer wichtig.

Du kannst deinem Ansprechpartner auch eine E-Mail schreiben oder dich per Post bewerben. Informiere dich im BIZ oder im Betrieb selber, welche Unterlagen dazu nötig sind.

> Guten Tag, mein Name ist Jan Meyer. Ich interessiere mich für den Beruf Bootsbauer und wollte fragen, ob ich in Ihrem Betrieb ein Praktikum machen kann.

> Hallo, Alina Holzer hier. Ich möchte später gern Pferdewirtin werden. Bieten Sie auf Ihrem Hof Ferienjobs für Schüler an?

Das Wichtigste auf einen Blick

Es gibt unzählige Wege, einen Beruf zu finden, der genau zu deinen Eigenschaften, Begabungen und Motivationen passt. Du kannst dich in deinem Alltag und bei deinen Mitmenschen umsehen, im Internet oder im BIZ recherchieren und deinen Beruf über Gespräche oder ein Praktikum kennenlernen. Finde deinen eigenen Weg!

Zum Schluss

Rund um den Wunschberuf

Auf der Suche nach einem passenden Beruf für dich solltest du noch eine Reihe weiterer Faktoren bedenken.

Familie und Kinder

Hast du dir schon einmal Gedanken gemacht, wie dein Familienleben später aussehen soll? Wenn dir Kinder wichtig sind, muss es dir dein Wunschberuf ermöglichen, viel Zeit mit ihnen zu verbringen. Frage dich dazu: Kann man – egal ob als Mann oder als Frau – in meinem Wunschberuf eine längere Auszeit nehmen? Sind die Arbeitszeiten mit einer Familie vereinbar? Ein Beruf wie Wirtschaftsprüfer, der regelmäßig lange Überstunden erfordert, ist kaum mit der aktiven Erziehung von Kindern vereinbar. Auch dauernde längere Auslandsreisen oder Aufenthalte an anderen Firmenstandorten sind kaum zu leisten, wenn man Kinder selber erziehen möchte. Wechselnde Schichtdienste wie im Krankenhaus oder in der Produktion machen es schwierig, eine verlässliche Betreuung für die Kinder während der Arbeitszeit zu finden. Oder gibt es in deinem Traumberuf vielleicht die Möglichkeit, von zuhause aus zu arbeiten?

Vielleicht hat dir die Arbeit mit diesem Buch auch gezeigt, dass ein Beruf für dich weniger wichtig als die Familie ist. Möchtest du lieber für die Familie da sein als zu arbeiten? Auch das ist in Ordnung.

Arbeitsort und Wohnort

Gibt es deinen angestrebten Beruf in deinem Wohnort? Bist du bereit, umzuziehen oder einen längeren Anfahrtsweg in Kauf zu nehmen? Würde auch dein Partner mit umziehen? Wie kannst du das Pendeln für dich und die Umwelt sinnvoll gestalten?

Dein Unternehmen

In welcher Art Unternehmen möchtest du arbeiten? Soll es groß, mittelständisch oder klein sein? Möchtest du bestimmte Branchen ausschließen, zum Beispiel Wettbüros oder die Waffenindustrie? Oder willst du ganz unabhängig werden? Selbstständige und Freiberufler sind heute weit verbreitet, egal ob als Einzelunternehmer oder mit mehreren Angestellten.

Nur Mut!

Einen Beruf finden, das ist eine Entscheidung, die dein Leben jahrzehntelang beeinflussen wird. Hier noch ein paar Tipps:

Nimm dir Zeit

Nimm dir Zeit, um über dich nachzudenken und Berufsbilder zu recherchieren. Gönne dir aber auch den Freiraum, Ideen in dir reifen zu lassen. Lege dazu dieses Buch auch mal für ein paar Tage oder Wochen zur Seite.

Entscheide dich selbst

Erwarte nicht, dass dich irgendwann ein Blitz trifft und du glasklar den einzig richtigen Berufsweg vor dir siehst. Vielmehr wird es vermutlich mehrere gute Wege für dich geben, von denen du dann einen auswählst. Schlimmer als eine falsche Entscheidung wäre es, dich gar nicht zu entscheiden, sondern dich von Eltern, Freunden oder einem Trend in einen Beruf drängen zu lassen, der nicht zu dir passt.

Du zählst

Lass dir deine Entscheidung nicht von der Wirtschaftskrise, der Mode oder chronisch schlecht gelaunten Mitmenschen mies machen. Du kannst und darfst selbst entscheiden, was dich glücklich macht. Schließlich geht es um dein Leben.

Register

Allgemeine Intelligenz 16, 34, 36, 46

Allgemeine Kompetenzen 58, 61

Anerkennung....................21, 23, 33-34, 36, 49

Ausbildung 56, 59, 60-61, 62, 74

Außenorientierung 11, 12, 33-34,
.... 36, 39, 43, 50, 66

Begabungen..................... 4, 6, 8-10, 15-20, 26,
.... 28, 33-39, 44, 46, 50, 52, 54,
....58, 63, 66, 70, 72, 75

Beruf (ein für dich gut passender)...... 4, 6, 21,
.... 54, 66-76

Berufe (Beispiele).........8, 17-25, 32, 58, 60, 63,
.... 65-66, 68, 70-72, 75-76

Berufsinformationszentrum (BIZ) 69,
.... 72-73, 75

Beständigkeit 11, 14, 34, 36, 43

Branche.. 70-71

Ehrlichkeit 55

Eigensinnigkeit 11, 12, 34, 36, 43

Emotionale Intelligenz..................... 16, 33-34,
.... 36, 46, 54, 72

Emotionale Stabilität 11, 13, 33-34,
.... 36, 43, 72

Extraversion, extravertiert............................ 12

Familie... 67, 76

Ferienjob 74-75

Fragen zur Selbst- und
Fremdeinschätzung........................... 8, 38-53

Führungskraft 16, 23, 62, 64, 65

Geld 6, 21, 22, 34, 36, 49, 66

Gene 8, 9, 15

Geschichten schreiben 8, 26-37, 38

Gewissenhaftigkeit 11, 13, 33-34, 36, 43

Grundfertigkeiten 8, 54-57, 58

Hilfsbereitschaft.. 56

Höflichkeit.. 55

Innenorientierung 11, 12, 34, 36, 43, 50, 66

Introversion, introvertiert 12

Kompetenzen.................................. 15, 58-61

Kontrolle....................................23, 34, 36, 49

Kreativität 20, 34, 36, 46, 72

Laufbahnen...8, 62-65

Lebensordner...................... 7, 11, 15, 29, 69

Leistung................................ 23, 33-34, 36, 49

Lernbereitschaft... 56

Logisches Denken .. 10, 17, 33-34, 36, 46, 66, 72

Motivationen.............4, 6, 8, 20, 21-25, 26, 28,
.... 33-38, 47, 49-50, 53-54, 58, 67, 72, 75

Neurotizismus... 13

Offenheit für
neue Erfahrungen.............11, 14, 33-34, 36, 43

Persönlichkeit 4, 8, 10, 11

Persönlichkeitseigenschaften...........4, 6, 8-10,
.... 11-14, 15, 20, 26, 28, 33-40, 43,
.... 50-51, 54, 58, 63, 66, 70, 72, 75

Praktikum.. 72, 74-75

Praktische Begabung 19, 34, 36, 46

Projektleiter 62, 65

Pünktlichkeit 54

Räumliches Denken.....17, 34, 36, 46, 66, 70, 72

Respekt.. 54, 55

Selbstständigkeit............................... 23, 62, 76

Sensibilität........................... 11, 13, 34, 36, 43

Sicherheit............................21, 22, 34, 36, 49, 66	Studium......................56, 59, 60-61, 62, 64, 67
Sinn.. 24, 33-34, 36, 49	Umgang mit Menschen......21, 24, 33-34, 36, 49
Spezialist 62, 63, 65	Umwelt 8, 10, 15
Spezifische Kompetenzen................. 58, 59, 61	Verträglichkeit 11, 12, 33-34, 36, 43, 54, 72
Spontaneität 11, 13, 34, 36, 43	Wissen 21, 24, 33-34, 36, 49
Sportliche Begabung.. 19, 34, 36, 39, 46, 66, 70	Zivilcourage 57
Sprachliche Begabung...... 18, 33-34, 36, 46, 66	Zuverlässigkeit 57
Stresstoleranz.. 13	

FINDE RAUS, WAS DU DRAUF HAST

Glossar

Definitionen

Persönlichkeitseigenschaften

Außenorientierung:	Kontaktfreude und Selbstsicherheit im Umgang mit Anderen
Beständigkeit:	Vorziehen von Bekanntem und Bewährtem gegenüber Neuem
Eigensinnigkeit:	vorsichtig im Umgang mit Anderen, verlässt sich auf sich selbst
Emotionale Stabilität:	Gute Fähigkeit mit den eigenen Gefühlen umzugehen, Ruhe, Entspannung
Gewissenhaftigkeit:	Zuverlässigkeit, Verlässlichkeit, Freude am Organisieren
Innenorientierung:	schüchtern und still im Umgang mit Anderen
Offenheit:	Neugierde, Wissbegierde, Interesse an Neuem
Sensibilität:	starkes Wahrnehmen der eigenen Gefühle, Anspannung, Nervosität
Spontaneität:	handeln, ohne nachzudenken, neue Ideen, Risikofreude
Verträglichkeit:	Hilfsbereitschaft, Freundlichkeit und Großzügigkeit im Umgang mit Anderen

Begabungen

Allgemeine Intelligenz:	Vorgänge in der Welt verstehen und neu Gelerntes auf fremde Probleme übertragen können
Emotionale Intelligenz:	eigene und fremde Gefühle wahrnehmen, sie verstehen und angemessen darauf reagieren
Kreativität:	viele, auch ungewöhnliche und neuartige Ideen haben und eine starke Vorstellungskraft besitzen
Logisches Denken:	folgerichtige Schlüsse ziehen, z. B. vom Speziellen auf das Allgemeine
Praktische Begabung:	feinmotorische Bewegungen der Hände und Finger besonders unter Kontrolle haben
Räumliches Denken:	die Ausdehnung von Objekten im Raum gedanklich umreißen
Sportliche Begabung:	grobmotorische Bewegungen und Bewegungsabläufe beherrschen
Sprachliche Begabung:	mündlich und schriftlich formulieren können

Motivationen

Anerkennung:	Motivation durch Lob von anderen
Geld:	Motivation durch Einnahmen und Käufe
Kontrolle:	Motivation dadurch, dass Vorgänge und Personen beeinflusst werden
Leistung:	Motivation durch das Fertigstellen einer Aufgabe
Sicherheit:	Motivation durch Verlässlichkeit, dass morgen alles ähnlich abläuft wie heute
Sinn:	Motivation durch das Tun von Gutem für Menschen, Tiere, Natur, die Wissenschaft oder ähnliches
Umgang mit Menschen:	Motivation durch Kontakt und Nähe zu anderen Menschen
Wissen:	Motivation durch das Sammeln von Informationen und Erkenntnissen über unsere Welt